이름 없이
이름도 없이

이름 없이
이름도 없이

김일형 시집
Poems by Kim Il Hyung

안선재 英譯
Translated by Anthony Graham Teague

흐름

시인의 말

　이름 없는 들꽃이 되어 잠이 든 누이가 풀과 바람의 이야기 들려준다.

　누이는 묵주를 놓지 않았다.
　씨 뿌리고 비 내리면 싹은 움튼다. 흙의 진심을 믿으며 빨래터에서 산 고랭이에서 소박하게 살았다. 천주 안에서는 만인이 평등하다. 모든 사람은 자비로운 사랑 안에서 영원으로 향하는 존엄한 존재라는 것 깨달았다.

　그들에게 인권이란 없었다.
　순교자들이 어디에 살았는지 이름은 무엇인지 묻지도 않고 생매장했다.

　나무와 들풀의 친구,
　나무 곁에 머물기를 좋아하던 어눌한 소년이 시인이 되었다. 성지에 촛불 밝힐 때마다 나무의 품에 안기는 날들이 많아졌다. 나뭇잎이 햇살에 반짝이던 날 연두 잎 속에서 날 부르는 뽀얀 손 보았다. 바람에 살랑이다 길게 누워 있는 들풀의 진혼곡鎭魂曲을 불러주

Poet's Preface

A sister, who fell asleep as a nameless wild flower, tells the story of grass and wind.

That sister never let go of her rosary.
When seeds are sown and rain falls, sprouts emerge. She believed in the sincerity of the soil and lived a simple life like the reeds beside the stream where she washed clothe. In the universe, all people are equal. She realized that all people are dignified beings destined for eternity in merciful love.

They had no human rights.
The martyrs were buried alive without even being asked where they lived or what their names were.

Friends of trees and wild grass,
A boy who liked to stay near trees became an inarticulate poet. Every time he lit a candle at a shrine, the number of days spent in the arms of the tree increased. One day, when the

는 이, 누이였다.

빗속에 성지 길 걷는다.
이름 없이 잠이 든 누이의 순결을 기억하기에 좋은 날이다.

leaves sparkled in the sunlight, he saw a white hand beckoning from among the green leaves. It was this sister who sang the requiem of the wild grass lying long and gently swaying in the wind.

I walk along sacred paths in the rain.

It is a good day to remember the innocence of the sister who died nameless.

차례

시인의 말	4

제1부
이름 없이,
이름도 없이

이름 없이 이름도 없이	16
누군가 이름을 불러준다면	18
촛불	22
외투	24
소 쩍 쩍	26
1935년	28
그렇구 말구	32
로사리오	34
노천 성당	36
하얀 밤	38

제2부
1790년,
조선

1790년, 조선	44
사문난적	48
여숫골	50
여숫골 1	54
여숫골 2	56
이름 없는 집	58
여숫골 3	62
죄인둠벙	64

Contents

Poet's Preface	5

Part 1
No name,
not even a name

No name, not even a name	17
If Someone Calls His Name	19
Candlelight	23
Overcoat	25
Nightingale	27
1935	29
Oh, Yes!	33
Rosary	35
Open-Air Church	37
White Night	39

Part 2
1790, Joseon

1790, Joseon	45
Pernicious Criminals	49
Yeosutgol	51
Yeosutgol 1	55
Yeosutgol 2	57
House of the Nameless	59
Yeosutgol 3	63
Criminals' Pool	65

진둠벙 1	66
진둠벙 2	68
진둠벙 3	70

제3부
돌에 새긴 이름 없는 이름

돌에 새긴 이름 없는 이름	74
돌무덤 1	76
돌무덤 2	78
돌무덤 3	80
우리는 모두 연결되어 있어	82
호야나무	84
호야나무 1	88
호야나무 2	90
호야나무 3	92
호야나무 4	94
돌다리	96
자리개 돌 1	100
자리개 돌 2	102
몽당비	104

제4부
한티 고갯길을 넘는다

한티 고갯길을 넘는다	108
한티고개 1	112
한티고개 2	114
한티고개 3	116
한티고개 4	118

	Jindumbeong 1	67
	Jindumbeong 2	69
	Jindumbeong 3	71

Part 3
Nameless names engraved in stone

Nameless names engraved in stone	75
Gravestone 1	77
Gravestone 2	79
Gravestone 3	81
We Are All Linked	83
Hoya tree	85
Hoya tree 1	89
Hoya tree 2	91
Hoya tree 3	93
Hoya tree 4	95
The Stone Bridge	97
Jarigae Stone 1	101
Jarigae Stone 2	103
A Broom	105

Part 4
Crossing Hanti Pass

Crossing Hanti Pass	109
Hanti Pass 1	113
Hanti Pass 2	115
Hanti Pass 3	117
Hanti Pass 4	119

	밀사	120
	이승훈의 밀서	124
	옥중 편지	128
	옥중 편지 1	130
	옥중 편지 2	132
	참회록	134

제5부
호모
비아또르

	한감개	140
	성	142
	오죽烏竹	144
	아버지의 어깨	148
	길	150
	산울	152
	그해 겨울	154
	결단	156
	호모 비아또르	158

	후기	160
	생명의 책	168
	유흥식 라자로 추기경님 응원 메시지	172

해설 순교의 성지 서산 해미에서
순교자의 넋을 기리다   174

	An Emissary	121
	Secret Letter from Yi Seung-hun	125
	Prison Letter	129
	Prison Letter 1	131
	Prison Letter 2	133
	Confessions	135
Part 5 **Homo Viator**	Hangamgae	141
	Castle	143
	Black Bamboo	145
	Father's Shoulders	149
	The Road	151
	Mountain grass	153
	That Winter	155
	A Decision	157
	Homo Viator	159

	Prologue	161
	Book of Life	171

제1부

이름 없이 이름도 없이

Part 1

No name, not even a name

이름 없이 이름도 없이*

검은 나무 조각 곁의 검은 뼛조각
하얀 돌가루 곁의 하얀 뼛가루

씨 뿌리면 싹 틔워주는 흙에서 살다가
흙으로 돌아갔으므로
그 속에 묻혀 있어도 외롭지 않겠다

살아서
사람은 모두 자비로운 사랑 안에서
영원으로 향하는 존엄한 존재라는 것 깨달아
깨어 있거나 잠들어 있거나
평화의 빛 영원하겠다

---

* 이름 없이 이름도 없이: 2014년 프란치스코 교황이 해미순교자국제성지를 방문했다. 교황이 유해 참배실 앞에서 이름도 없이 생매장당한 영혼들을 위해 기도하던 중 되뇌던 말이다. senza nome.

No name, not even a name*

Fragments of black bone beside scraps of black wood.
Powdered white bone beside powdered white stone.

Having returned to dust
after living on soil that would sprout when they sowed seeds,
even if they're buried there, they won't be lonely.

Having realized while they were alive
that all people are dignified beings
destined for eternity in merciful love,
whether awake or asleep,
the light of peace will last forever.

---

* No name, not even a name: In 2014, Pope Francis visited the Shrine of the Haemi Martyrs. These are the words the Pope repeated while praying for those who were buried alive without a record of their names, in front of the shrine where the remains were buried: senza nome.

누군가 이름을 불러준다면

요한,
못다 부른 그 이름이 섧다

아침이 오면 들에 나가 땀 흘리고
밤이면 호롱불 아래 먹먹한 가슴 다독이다
잠이 들었다

푸르른 날 뜨겁게 몸 휘돌다 포근히 감싸주던 붉은 피
진토가 되어 잠이 든 살과 뼈
씨 뿌리면 싹 틔워주는 흙에서 살다가 흙으로 돌아가
이름 없이 묻혀 있어도
새로운 싹 틔우겠다

죽음은 단지 육신의 죽음

잠들어 있거나 깨어 있거나
비바람에도 쓰러지지 않을 단단한 믿음으로
뿌리 깊게 내리고
오롯이 푸른 가슴에 꺼지지 않을 성체 모셨으니

If Someone Calls His Name

John.
The name that couldn't be called was sad.

When morning comes, going out into the fields and sweating
then at night, comforting a sore heart under lantern light
before falling asleep.

The red blood that swirled warm round the body on fresh green days, snugly enfolding it,
    the flesh and bones have all turned into dust, fallen asleep,
    returned to the ground where, if you sow a seed, it sprouts,
    so that even if buried without a name,
    they will send up new sprouts.

Death is only physical death.

Whether asleep or awake,
with a strong faith that will not fall even in wind and rain,
having put down deep roots,
and received Communion.

이제,
머무는 곳 그 어디일지라도

하느님의 아들 요한 너의 이름을 불러
영원한 평화 함께 하리니

now,

no matter where you dwell,

John, Son of God, having called your name
we will have eternal peace together.

촛불

홀로 흔들리다
가슴 언저리에 뜨겁게 내려앉는다

눈 떠라
눈을 떠라
깨어 있으라

Candlelight

After trembling alone
a hot feeling settles in my breast.

Open your eyes.
Open your eyes.
Be watchful.

외투

다른 세상에 들어선다는 건
호흡이 멈출 수도
파란 하늘 별빛까지도 볼 수 없다는 거 알아

매미의 애벌레처럼 캄캄한 어둠 속에서
홀로
머물러 있어야 한다는 걸 알아

때론
모든 것 내려놓고 멈추어 있는 것이 편안할지도

어느 때는
벼랑 끝에 서 있는 순간이
날아오르려는 이에게
나쁜 일만은 아닐 수도

육신의 외투 벗고
기꺼이 날아간 곳은 어디일까

나는 지금 어디에 머물고 있을까

Overcoat

Understand that entering another world

means the breath stopping

and even not being able to see the stars in the blue sky.

Understand it means staying

alone

in the dark like a cicada larva.

Sometimes,

it might be comfortable to let go of everything and just stop.

Sometimes,

the moment standing at the edge of a cliff

for those who want to fly

may not be such a bad thing

Casting off the body's coat,

where might I willingly fly to?

Where am I now?

소 쩍 쩍

저 깊은 어둠에서 사월이 잠들지 못한다

봄날을 읽어버린 소쩍이
뜬눈으로 밤을 지새우고 있다

호야나무에 매달려 혼절한 머리카락
산새들 지저귀는 산골에서 뛰어놀던 루갈다*

시들어 가던 밤이 몸 비틀며 뒤척이고
소쩍이 밤새워 훌쩍여도
어둠 속 초롱한 눈망울이 정적의 밤 밝힌다

호야나무 가지에 새순이 돋는다

잠들지 못한 사월이 뜬눈으로 지켜보고 있다

---

* 루갈다: 이순이 루갈다(1782-1801)는 감옥에서 죽기로 작정하고 홀로 계신 어머니를 위로하기 위해 편지를 쓴다.

Nightingale

April can't sleep in that deep darkness.

After reading all through the spring day,
the night bird stays awake all night long with open eyes.

Lifeless hair hanging from a hoya tree,
Ludgarta* playing in the mountain valley where birds were chirping,

The withering night twists and turns
and even if the nightingale sobs all night long
bright eyes in the darkness brighten the quiet night.

New shoots sprout on the branches of the hoya tree

April, unable to sleep, is awake with open eyes.

---

* Lutgarda: Yi Sun-i (1782-1801) was sentenced to death and wrote a letter from prison to comfort her mother, who was alone.

1935년

해미천 숲쟁이를 감아 돌던 검은 그림자 물러갔다
발굴, 사월의 첫날이다

오래전에 흙이 된 영혼 찾아 어둠을 헤집는다
나무껍질처럼 말라 바스라진 까만 뼛조각
주워 담던 손끝이 멈추어 하늘 보기를 반복한다
눈 감은 누이의 송곳니
길게 누운 아버지의 뼈
할머니의 틀니가 뭍으로 나온다

서해 바닷길 개펄 고랑을 타고 달려왔는가
들판에서 흐르는 땀 닦아주던 바람이 부둥켜안는다
토담집 빨랫줄에 걸려 있던 햇살이 얼굴 비빈다

신유년*
기해년*
병인년*

---

* 신유년, 기해년, 병인년: 각각 1801년, 1839년, 1866년으로 천주교 박해 사건이 일어난 해이다. 병인년에만 1,000명 이상의 신자들이 순교하였다. 1935년 4월 1일은 유해를 발굴하기 위해 여숫골에서 첫 삽을 떴던 날이다.

1935

The black shadow that had surrounded the woods along Haemi Stream retreated.

Excavation began, on the first day of April.

They dug through the darkness to find souls turned into dust long ago:

dried pieces of black bone crumbling like tree bark.

The fingertips picking them up stop and look up at the sky again and again.

The tooth of a sister whose eyes had closed in death,

a father's bones stretched out,

an old woman's dentures emerge.

Did you run along the furrows in the mudflats of the West Sea?

The wind that once wiped away the sweat flowing in the fields blows gently.

The sunlight that once hung on clotheslines in mud houses touches faces.

이름 없이 묻혀 있던 숲쟁이
아, 구덩이 속으로 들어간 그날이 걸어 나온다

어둠을 밝히던 촛불이 홀로 뜨겁게 흐른다

Shinyu Year.*

Gihae Year.*

Byeongin Year.*

Years of persecution.

A woodworker buried without a name

Ah, the day that he went into the hole comes walking out.

The candle that lit up the darkness flows hot, all alone.

---

* Shinyu, Gihae, Byeongin: the traditional names of 1801, 1839, and 1866, when the great persecutions of Catholics occurred. More than 1,000 believers were martyred in Byeongin year alone. April 1, 1935 was the day when the first shovelful of ground was dug up in Yeosutgol to excavate the remains.

그렇구 말구*

회갑 지난 노구의 가슴에 장살형 가해진다
돌덩이에 마른 가슴 으깨어져도
주름 깊은 얼굴이 하늘 우러르다 눈 감는다
미소 지으며 되뇌인다

그렇구 말구
기쁜 마음으로
천주님을 따르는 거야

---

* 그렇구 말구: 1800년 1월 9일(음력 1799년 12월 15일) 해미 감영의 첫 순교자로 이보현 프란치스코와 함께 장살형을 당하며 죽어가던 인언민 마르티노의 입에서 되뇌던 말이다. 그의 나이 63세 때의 일이다. 2014년 이보현 프란치스코와 함께 시복되었다.

Oh, Yes!*

An elderly man is crushed to death.

Even if his withered breast is crushed by a rock

his deeply wrinkled face looks up to Heaven as he closes his eyes.

He expires with a smile

Oh yes,

I'm following God

with a joyful heart.

---

* Oh yes: These words were spoken by Martin In Eon-min, who died on January 9, 1800 after being sentenced to death along with Francis Lee Bo-hyeon, the first martyr of Haemi magistrates' office. He was 63 years old. He was beatified along with Francis Lee Bo-hyeon in 2014.

로사리오*

그대 잠들어 있나요

하루하루 오늘 또 하루 가슴에 품고
밤 지새우던 날들을 헤아리나요

새벽이 오면 깊은 산골 넘어야 했다
흙 찾는 아버지의 어깨에 박인 군살이 파고들어도
옹기 빚던 바지런한 손 뒤틀려 있어도
너그러운 주름살 깊게 접힌 미소는
가족들 곁에 머문다

오늘이 눈을 뜬다
지게가 일어서고 부지런한 하루가 뒤따른다
큰 구슬, 작은 구슬 깨어나 알알이 성호를 긋는다

오늘도 무사하기를……

---

* 로사리오: 기도드릴 때 사용하는 성물(聖物)이다. 큰 구슬 6개, 작은 구슬 53개를 꿰고 끝에 작은 십자가가 달린 묵주(默珠)로 사도신경에서 주의 기도, 영광송, 성모송을 외워나간다.

Rosary*

Are you asleep?

Every day, today again, holding the day to his breast,
does he count the days he stayed awake all night?

When dawn came, he had to cross deep mountain valleys.
Even if the flesh on Father's shoulders was scored as he gathered clay,
even if the hands that made pots were twisted,
a smile with generous wrinkles and deep folds
stays with family

As today opens its eyes,
he shoulders his A-frame and a diligent day follows.
Big beads, small beads wake up and make the sign of the cross.

May you stay safe today too……

---

* Rosary: It is a sacred object used in prayer. It consists of 6 large beads and 53 small beads, with a small cross at the end, used to recite the Apostles' Creed, Our Father, Glory Be, Hail Mary.

노천 성당

십자가에서 순교자의 피 흘러내린다 돌들은 고요히 침묵하며 묵상에 잠기고 눈 내리면 하얀 눈 덮고 비 내리면 비에 젖으며 이끼를 품는다

십자가에서 흘러내린 순결의 피 무환자나무 뿌리에 내 영혼에 스며든다

순교자의 피를 받고 자란 무환자나무 열매가 검은 피 붉은 피 묵주로 환생했네

돌들은 고요히 침묵하며 묵상에 잠겼어도 순결의 피 머금고 말없이 이끼의 새순을 보듬는다

Open-Air Church

The blood of martyrs flows from the cross. The stones are quietly silent and immersed in meditation. When it snows, it is covered with white snow. When it rains, it gets wet with the rain and is embraced by moss.

The blood of purity that flowed from the cross seeps into my soul through the roots of the soapberry tree.

The fruit of the soapberry tree, nourished with the blood of martyrs, was reincarnated into blood-black and blood-red rosary beads.

Even though the stones are silent, immersed in meditation, they hold the blood of purity and silently embrace new shoots of moss.

하얀 밤

텅 빈 하얀 밤

오래도록 비어 있었다

플라스틱 필통 속 소박한 꿈이 사라졌다
노란 연필
보드라운 지우개
낙서까지도 품어주던 하얀 노트

그 안에 있으면
언제나 편안했다

눈 쌓인 가야산 한티 고갯길 언덕에서도 끌어주고 밀어주고 넘어진 몸 일으켜주던 눈보라 날려버릴 듯 몰아치던 배나드리성지 길에서도
언 손 꼭 잡아주었다

내 발걸음의 보폭에 맞춰 같이 걸으며 영혼의 빛으로 교감하던 그
북풍에 맞서던 그가 어디 가고 없다

White Night

An empty white night.

It has been empty for a long time.

A simple dream disappeared inside a plastic pencil case,
a yellow pencil,
a soft eraser,
a white notebook that even contained scribbles.

If I was in there
I was always comfortable.

Even on the snow-covered hill of Mt. Gayasan's Hanti Pass, where I dragged and pushed and raised up my fallen body, and on the road to Baenadri Shrine where a blizzard threatened to blow away my body,
 he held my frozen hand tightly.

The one who walked in time to my steps, communicated by the light of the soul,

지금 나는 홀로

세상에 없는 하얀 밤을 지나고 있다

the one who resisted the north wind has gone away.

Now I'm alone

I'm passing through a white night that doesn't exist in this world.

제2부

1790년, 조선

Part 2

1790, Joseon

1790년*, 조선

200여 년 전을 기억한다

세계 교회사에서 유래를 찾아볼 수 없는 이변
우리 민족 스스로 천주교 신앙을 받아들이던
그날이다

인력으로 막을 수 없는 물결이 동방의 작은 나라 조선으로 몰려오고 있었다

철저한 유교의 사회에서
부모의 신분이 낮으면 과거시험 기회조차 박탈하고 신분이 높으면 관직에 등용되는 이상한 나라
인간답게 사는 것이 일생의 꿈일 수도 있지

바다를 건너 온 평화의 바람은 내포의 들을 지나 산 고랭이까지 스며들었다

---

* 1790년: 조정이 천주교 탄압을 공식화하며 1790년에서 1890년에 이르는 100여 년 동안 해미 진영은 수많은 천주교 신자들을 국사범으로 잡아들이고 처형했다.

1790*, Joseon

I remember how, 200 years ago,

An unprecedented event in world church history:
our people accepted the Catholic faith by themselves
On that day.

A wave that could not be stopped by human power came rushing toward Joseon, Korea, a small country in the East.

 A strictly Confucian society,
 a strange country where if your parents' status is low, you are deprived of the opportunity to take the civil service examination, and if your parents are high-class, you are appointed to a government position.
 There living like a human being might be a lifelong dream.

The wind of peace that came from across the sea passed

---

* 1790: The government formalized the suppression of Catholicism, and for about 100 years from 1790 to 1890, the Haemi magistrates arrested and executed numerous Catholic believers as national criminals.

두 손 모을 때마다 하늘이 응답했다
사랑하라
원수까지도 사랑하라

양반 마르티노, 과부 안나, 농부 안토니오, 옹기장이 바오로
공소에 모인 형제자매 찬송과 기도로 주님을 영접하니
논과 밭, 하늘에 성령이 넘쳐흘렀다

천주 안에서 모든 사람은 평등하다
인간은 모두 자비로운 사랑 안에서 영원으로 향하는 존엄한 존재라는 것 깨달아 손에서 묵주를 놓지 않았다

조선이
한 번도 가보지 못한 길을 가고 있었다

1790년

across the fields of Naepo, permeated all the way to the mountains.

Every time we put our hands together, the sky responded:
Love!
Love even your enemies!

The nobleman Martin, the widow Anna, the farmer Antony, the potter Paul, all gathered as brothers and sisters in the chapel, welcomed the Lord with hymns and prayers, as the Holy Spirit overflowed in rice fields, fields, and sky.

All people are equal in God.
Realizing that all human beings are dignified beings
headed toward eternity in merciful love, the rosaries never left their hands.

Joseon
was going down a road it had never been on before.

1790

사문난적*

포졸들이 눈에 불을 켜고 방방곡곡 방 붙이네
이단의 유언비어를 퍼트리는 자들은
곤장 일백 대를 때리고
삼천리 유배를 보낸다 -『경국대전』

팔모 방망이 두들기며 줄줄이 끌고 가네
천주를 믿는 자는 교수형, 참수, 몰매질, 석형, 백지사형, 동사형, 자리개 돌로 참형한다 - 해미 현감

교황님 피눈물 흘리며 국제성지 선포하네
무명 순교자들의 고향, 기쁨과 생명으로 현재를 묵상하는 곳, 하느님 나라에서 빛나는 이름을 받은 순교자들 - 교황 프란치스코

---

* 사문난적: 성리학에서 교리를 어지럽히고 사상에 어긋나는 언행을 하는 사람들을 이르는 말이다.

Pernicious Criminals*

Satellites, eyes blazing, put up notices all over the nation:

"Those who spread heretical rumors

shall receive one hundred blows

and be sent into exile 3,000 li away" – *Gyeongguk Daejeon Law Code*

They are dragged along on all sides, struck with clubs:

"Those who believe in God are to be executed by hanging, beheading, beating, and other forms of torture" – Haemi Hyeongam Governor's Record

The Pope, shedding bitter tears, declares it an international holy site,

"the home of nameless martyrs, a place to meditate on the present with joy and life, martyrs who received a shining name in the kingdom of God" – Pope Francis

---

* Pernicious criminals: In Neo-Confucianism, this refers to people who deny official doctrines and whose words and actions go against the state ideology.

여숫골*

낯익은 목소리가 귓가에서 떠나지 않는다

바람을 타는 소리는
예수 마리아
여수 머리

여우가 살았던 하천 우거진 숲쟁이로 끌려가는 나를 보고 사람들은 말했다
그렇지, 필시 저들은 여우에게 홀렸으니 저렇게 죽는 거지
멀쩡한 사람으로 그토록 어리석게 죽을 수는 없는 게지

몸도 지탱하기 힘든 벼랑 끝에서

바람결에 하늘 나는 소리 들린다
예수 마리아
여수 머리

---

* 여숫골: 조선 후기 천주교 박해기에 신자들을 생매장하거나 익사, 교수 등의 방법으로 처형했던 해미천 숲쟁이 주변을 가리킨다.

Yeosutgol*

A familiar voice won't leave my ears

A sound borne on the blowing wind:
Jesus Maria
Jesu Mary

When they saw us being taken to the river where the fox once lived and to the thick forest, people said:
That's right, they were probably possessed by the fox.
That's why they're being killed like that.
It's impossible for a normal person to die so foolishly.

At the edge of a cliff that could not support our bodies

voices can be heard on the wind:
Jesus Maria
Jesu Mary

---

* Yeosutgol: A place where believers were executed by being buried alive, drowning, or hanging near the Haemi Stream woods during the persecutions in the late Joseon Dynasty.

예수

성부와 성자와 성신께 가는 길 멈출 수 없다

Jesus

The road leading to Father, Son, and Holy Spirit cannot be blocked.

여숫골 1

한티고개 넘어올 때 하얀 손 잡아주던 너럭바위
성지 문밖에서 눈 맞으며 불 밝힌다

성지 뜰 안으로 한 발 한 발 옮긴다
은은히 바람 타는 감미로운 선율에
사락사락 흰 눈이 쌓인다
어눌한 영혼이 기쁜 미소로 하늘 올려다보면
언 가슴이 사르르 녹아내린다

어설픈 걸음으로 둘러보던 눈망울이
이름 없는 집 마루에 걸터앉아 고요히 눈 감으면

나무 곁에 있던 어린 소년이 숲에서 달려 나온다

Yeosutgol 1

The rock that held white hands coming over Hanti Pass
is lighting up the snow outside the gate of the shrine.

I move one step at a time into the sacred grounds.
To the sweet melody gently blowing in the wind
white snow is piling up.
When an inarticulate soul looks up at the sky with a happy smile my frozen heart melts.

Looking around as I walk with clumsy steps,
if I sit on the floor of a nameless house and quietly close my eyes,

A little boy near a tree runs out of the forest.

여숫골 2

아기 품은 성모의 눈빛이 따사롭다
기다란 비녀 꽂은 올림머리 한복 저고리가 곱기도 하지
단아한 눈빛으로 말씀하신다

– 공경하는 마음을 축복할 것이다

자애로운 어머니의 미소

머무는 곳 그 어디일지라도
하늘에도 마른 땅에도 누이의 작은 두 손에도
하얀 눈꽃 미소 사뿐히 내려앉겠다

Yeosutgol 2

The Virgin Mary's eyes are warm as she holds the baby.
The long hairpin, hanbok, and jeogori are pretty.
She speaks with a graceful gaze.

– I will bless a reverent heart.

A loving mother's smile.

No matter where she dwells,
in the sky, on the dry land, or in my sister's small hands,
a white snowflake smile will fall lightly.

이름 없는 집*

정겨운 토담집

부엌에서는 어머니와 누이가 저녁밥을 짓느라 분주하고
아버지는 등잔불 아래서 밤새워 새끼를 꼰다

볏짚이 뻣뻣하게 마르면
미지근한 물 입안 가득 채워서
볏짚 위에 거세게 뿜는다
부드러워지라고 예쁘게 꼬아지라고 물도 뿌린다
나도 아버지 따라 볏짚 두 가닥 잡고서
사라락 사라락
울퉁불퉁 매끄럽지 못해도
아버지의 깊은 주름이
등잔불 아래서 흐뭇하게 살랑인다

밤은 깊어가는데

---

* 이름 없는 집: 해미순교자성지에 있는 작은 초가집으로, 순례객들이 성경 필사를 하는 곳이다.

House of the Nameless[*]

A cozy earthen house.

In the kitchen, Mother and sister are busy cooking dinner.
Father braids straw into rope all night long under the lamplight.

When the rice straw has dried stiff
he fills his mouth with lukewarm water
and spews it forcefully onto the straw.
Sprinkling water on it helps to make it soft and neatly twisted.
I imitate Father and seize two strands of rice straw.
Even if it is bumpy and not smooth
Father's deep wrinkles
smile happily under the lamplight.

The night is getting deeper and

---

[*] House of the unknown martyrs: A small thatched house in the Haemi Martyrs' Shrine where pilgrims copy passages from the Bible.

동생은 군고구마 익어가는 아궁이 앞에서 일어날 줄 몰랐다

밤새 부엉이도 잠을 잊은 시간
새끼를 꼬는 손으로 말씀, 한 소절씩 새겨 넣는다

I didn't expect my younger brother to wake up in front of the stove where sweet potatoes are roasting.

A time when even owls forget to sleep all night long.

The words are written, one verse after another, with hands that twisted the cords.

여숫골 3

둥그런 묘지*만 홀로 앉아

뼛조각 하나만으로도
존재이므로

휘광이 칼 호흡을 베어도
내 피와 내 살을 바쳐 영원 속에서 살아갈 수 있다면
기꺼이
기쁨으로

가슴엔 십자가 두 손엔 묵주 있어
어둠 속 깊이 잠들어도

고난의 가시밭 비껴가지 않겠다

---

* 묘지: 여숫골 북서쪽 끝자락에 무명 순교자를 모시고 있다.

Yeosutgol 3

I am sitting alone in the round graveyard*.

Even one piece of bone lives
since it exists.

Even if my breath is cut off with a sword,
if I could live in eternity by sacrificing my blood and my flesh,
I would do it gladly,
with joy

With a cross on my breast and a rosary in my hands,
even if I sleep deep in the dark,

I will not avoid the thorny field of suffering.

---

* Graveyard: Unknown martyrs are enshrined at the northwest end of Yeosutgol.

죄인둠벙*

 오랏줄에 묶인 채 해미읍성 동헌 감옥에서 죄인둠벙까지 1.5km의 길을 걷는다
 가야산 한티 고갯길에서 만난 영혼 물길 따라

 돌부리에 걸려 넘어져도
 십자가의 길 결코 멈출 수 없다

 마른 등에 돌덩이를 묶는다
 창끝에 떠밀릴 때마다 둠벙이 몸서리친다
 둠벙이 진저리치고
 물그림자 밤새 웅웅거린다

 하늘의 야윈 손이 잠 못 드는 둠벙을 다독인다

* 죄인둠벙: 병인박해(1866) 때 해미읍성 처형장에서 죄인을 감당할 수 없게 되자, 해미천의 커다란 물웅덩이로 끌고 가 몸에 돌을 매달고 밀어넣은 곳이다. 그 당시 죄인둠벙으로 불리다가 현재는 진둠벙으로 불린다.

Criminals' Pool*

Bound by a rope, we walk the mile-long path from Haemi Fortress Prison to the criminals' pool.

Following the flow of souls encountered at Hanti Pass on Mt. Gayasan

Even if I trip on a rock and fall,
there is no stopping the Way of the Cross.

Rocks are tied to gaunt backs.
Every time they are pushed in at the tip of a spear, the pool shudders.
The pool is weary,
the water's shadows hum all night long

Heaven's gaunt hand comforts the sleepless pool.

---

* Criminals' Pool: During the Byeongin Persecution of 1866, when there was no room for more prisoners in Haemi Fortress, they were dragged to a large pool along Haemi Stream and pushed in with stones attached to their bodies. At that time, it was called Sinindumbeong, but now it is called Jindumbeong.

진둠벙 1

암갈색 로사리오
양들이 달려와요
사람들이 뒤따르고 있어요

그래요
그래야 해요
다 모두 다 비워야 해요

그래야 주님 품에 안길 수 있어요

Jindumbeong 1

Holding dark brown rosaries,
the sheep are running ahead,
people are following them.

Rightly so.
That's how it should be.
All, absolutely all has to be emptied out.

Only then can they be embraced in the arms of the Lord.

진둠벙 2

둠벙이 깨운다
푸른 정오가 쏟아진다
저 차가운 얼음이
사선으로 교차한다

원숙한 고요,
원숙한 순례
바람결에 들려온다

- 내 안에 머물러라, 나도 네게 머무르겠다

Jindumbeong 2

The pool awakes,
bright noon pours down,
crossing diagonally
that cold ice.

Mature silence,
mature pilgrimage,
I hear words in the wind:

– Dwell in me, and I will dwell in you.

진둠벙 3

오늘이 가고야 말았습니다
수평으로 보내졌는지 (황톳길을 걸었는지는) (정령이 이끄는 대로 걸었는지는) 알 수 없습니다

다만
가족의 품이 그립다는 것입니다
몹시

돌의 무게보다 더 무겁게
야윈 등에 올라타고야 말았습니다

오늘 나는 당신의 눈물에 발을 담갔습니다

Jindumbeong 3

Today has finally come to an end.

There is no telling whether they went horizontally (walked along the red clay road) or not (walked as led by the spirit)

but
they missed their family's embrace
heavily,

Heavier than the weight of the stone
they ended up bearing on their gaunt backs.

Today I soaked my feet in your tears.

제3부

돌에 새긴 이름 없는 이름

Part 3

Nameless names engraved in stone

돌에 새긴 이름 없는 이름*

나는 먹구름 조각들 소리 없이 지나는 밤
홀로 떠 있는

허리 꺾인 갈대
흐느끼는 바람
이 땅의 물
이 땅의 땀방울
내 몸속에도 흐르고 있을 숨결

침묵으로 어둠을 밝히며
돌에 새긴 이름 없는 이름
달빛에 새기며

홀로 떠 있는 달

---

* 돌에 새긴 이름 없는 이름: 가야산에서 내려오는 해미천의 한가운데에 커다란 구덩이를 파고 천주교 신자들을 산 채로 생매장한 터에 놓여 있는 돌무덤(크고 둥근 표지석)을 가리킨다.

Nameless names engraved in stone*

The night passes without a sound, like dark clouds floating alone.

Broken reeds,
weeping wind,
the water of this land,
drops of sweat of this land,
the breath that flows inside my body,

Lighting up the darkness with silence
nameless names engraved in stone,
carved in moonlight,

The moon floating alone.

---

* Nameless names engraved in stone: There is a stone marker placed on the site where Catholic believers were buried alive in a large pit dug in the middle of Haemi Stream, where water from Mt. Gayasan flows.

돌무덤 1

발굴터 머리 위 기러기 떼 날아간다

겨울 심장을 가르고
그리스도 눈빛 속으로 유유히

그리스도가 말씀하신다

- 나는 너희와 함께 아파했느니라……

Gravestone 1

A flock of geese fly over the excavation site.

Cutting through the heart of winter,
leisurely, the gaze of Christ.

Christ speaks:

− I have suffered with you......

돌무덤 2

부르신다
그분이 날 부르신다

표면은 거칠어도 깊은 곳에서 스미는 온기
아버지 등줄기에서 느껴오는 따뜻함이 거기 있다

얼어버린 손가락이 굳어 있어도
하얀 백지 위를 달려가는 이유 있다

음성이 들려온다

- 내가 항상 너희와 함께 있겠다

Gravestone 2

He is calling,
he is calling me.

Even though the surface is rough, the warmth seeps from deep inside,
the warmth I feel from my father's spine is there.

Even if my frozen fingers become stiff,
there is a reason for them to run over white paper.

I hear a voice:

− I will always be with you.

돌무덤 3

보세요
맑고 순박한 저 기러기 보세요

믿음 하나로
빈 허공을 날고 있어요

Gravestone 3

Behold!

Look at those clear and simple wild geese!

With a single faith

they go flying through the empty air.

우리는 모두 연결되어 있어

너도 나도 저 무용無用한 존재까지도

말을 잃었을 뿐
말하지 않아도
목 놓아 울지 않아도 알고 있어

나를 휘감아 돌아가는 바람
내 혈관 속 저 깊은 곳에서 흐르는 무위無爲

한티 고갯길 돌아 돌아서 내려온
저 산물이 바람이 알고 있어

우리는 모두 같은 길을 걷고 있어

We Are All Linked

You, me and even those useless beings.

Even at a loss for words,
even if I don't say it,
I know, even if I don't cry out aloud.

The wind that swirls around me,
the inaction that flows deep within my veins.

Turning and turning, descending from Hanti Pass,
the streams and wind know.

 We're all walking along the same path.

호야나무*

녹슨 쇠사슬이 뼛속 깊이 박혀 있다

여름이면 하얀 꽃 피워 벌 부르고
멍든 허리를 부둥켜안고 부르짖던
매미에게
푸른 그늘 만들어주고
비비추 꽃비 내리는 날에는 자주색으로 젖는다

봄 오면 새로운 꿈을 꾼다
검은 그림자 걷어버린다

겨울바람이 불어오는 날에는 봄바람에 뽀얗게 움트고픈
따뜻한 바람 있다

아가타**의 마른 눈물이
가슴에 뿌리에 흐르고 흘러

---

* 호야나무: 학명은 회화나무이다. 해미읍성 옥사 앞에 있는 수령 300년이 넘은 나무로 동편의 커다란 나뭇가지에 천주교인들의 긴 머리카락이나 몸을 철사로 묶어 고문했다고 전해진다.

Hoya tree*

Rusty chains are embedded deep in its bones.

In summer, white flowers bloom and attract bees.
It cried out to the cicadas,
hugging bruised backs:
Create a blue shade.
Hoya flowers turn purple on rainy days.

When spring comes, it has new dreams
that take away the black shadows.

On days after the winter wind blows, white buds bloom in the spring breeze.
There is a warm wind.

Agatha**'s dried tears

---

* Hoya tree: In front of Haemi Fortress, there is a hoya tree that is over 300 years old. Catholics were tortured by tying their long hair or bodies with wire to a large tree branch on the east side.

울음 걸린 나뭇가지에 입 눈이 부풀어 오른다
입 눈이 꿈틀거리는 호야나무에 깊게 안긴다

봄, 벌써 새봄이 달려오고 있다

** 아가타 막달레나: 복자 김윤덕은 경상도 상주에서 태어났다. 1815년 2월 청송 노래산 교우촌에서 부활대축일을 지내다가 체포되어, 같은 해 4월 대구 감영에서 옥사했다. 대구 지역의 첫 순교자가 되었다.

flow and flow from the roots of its heart.

Mouths and eyes bulge on the weeping tree branches.
Mouths and eyes sit deep in the trembling hoya tree.

Spring, new spring is already coming.

** Agatha Magdalen: Blessed Kim Yun-deok was born in Sangju, Gyeongsang-do. In February 1815, she was arrested while celebrating Easter at a Christian village at Cheongsong Norae-san, and died in prison at Daegu in April of the same year, becoming the first martyr in the Daegu area.

호야나무 1

새벽잠에서 깨어
호야나무 주변을 걷는다

감옥 터의 담장 밖 탱자나무 가시
섬뜩할 수 있어도

그가 그토록 기다리는 건

정적의 봄

Hoya tree 1

I wake early in the morning
and walk around the hoya tree.

Even though the thorns of the trifoliate orange bushes
outside the fence of the prison site can be creepy

What it's been awaiting for so long

A spring of silence.

호야나무 2

옹이
옆구리에 마른 등에 깊이 박혀 있다

형틀에서 고개 숙인 아버지
쇠사슬에 거꾸로 매달려
부엉이 밤새 잠들지 못했지
감옥 터 담장 너머의 노란 산수유
고개 들지 못하는 이유 있어

옹이
못다 핀 봄이 거기 잠들어 있다

Hoya tree 2

A knot.

Deeply embedded in the side and gaunt back.

Father bowing his head on the scaffold,

hanging upside down in chains.

The owl couldn't sleep all night

Yellow cornelian cherry blossom beyond the prison fence.

There's a reason I can't raise my head

A knot.

The unflowering spring is sleeping there.

호야나무 3

삼백여 년의 계절을 견디고

겨울의 가슴으로
웅크린 봄을 품었다

고요의 순간이 지나면 또 다른 침묵의 순간이 찾아올까

떨리는 정적의 순간

속눈썹에 내려앉은 이슬방울에 기대어
숨 고른다

Hoya tree 3

Enduring three hundred years of seasons,

Embracing curled spring
at the heart of winter.

After a moment of silence, will another moment of silence come?

A moment of trembling silence?

I take a breath,
leaning on the dewdrops that land on my eyelashes.

호야나무 4

회화나무가 호야나무 되기까지

죽은 자들의 영혼을 보듬는 등불이 되기까지

그 영혼

수백여 년 태양이 뜨고 지기까지

오고 간 발걸음의 소망 품기까지

이름이 붙여지기까지

그곳에 그 자리에 홀로 새로운 봄 기다린다

Hoya tree 4

Until the pagoda tree becomes a hoya tree,

until it becomes a light that embraces the souls of the dead,

that soul,

alone in that place, waits for a new spring,

through hundreds of years as the sun rises and sets

until it embraces the hope of steps that come and go,

until it is named.

돌다리*

해미읍성 서문 밖을 지날 때면 산비둘기 울음에
살갗이 곤두설 때가 있다

두세 사람을 눕히고도 남을 넓적함
투박한 돌다리
얼마나 많은 사람의 몸뚱이를 자리개질했으면
이마에 넓은 가슴에 깊게 배어든 검붉은 핏물이
눈감지 못할까

내를 건너던 어린 누이의 불안한 발소리
머무르고
비척이는 몸 지탱해주는 다리가 되어
햇살 조각에 빗방울 떨어지면
빗줄기에 함께 젖다가
찬 기운 체온에 스며들면 공연히 이슬 맺히는
홀로 익숙함에 머문다

---

* 돌다리: 해미읍성 서문 밖 돌다리였던 넓고 커다란 돌이다. 천주교 신자들 중에 배교(背教)하지 않는 사람들의 팔다리를 묶어 자리개질로 처형했던 사형 틀로, 지금은 자리개 돌로 불린다.

The Stone Bridge*

When I pass outside the west gate of Haemi Eupseong Fortress,
there are times when my hair stands on end
as I hear turtle doves calling from afar.

Enough to fit two or three people lying down,
how many people's bodies were broken on that broad, rough stone?
Deep red blood stains its brow and broad chest.
Can't I close my eyes?

The restless footsteps of my little sister walking across remain,
become a bridge supporting my trembling body.
When the sunlight shines down and raindrops fall on the

---

* Stone Bridge: This is a large and wide stone that was used as a stone bridge outside the west gate of Haemi Fortress. There was a system in which Catholic believers who did not apostatize were executed by tying up their limbs and thrashing them (Jarigae-ing). It is now called Jarigae-stone.

눈 내리면
하얗게 잠이 든다

scraps of sunlight,

    they get wet together with the raindrops.

    When the warmth seeps in, dew forms spontaneously,

    that familiarity alone remains.

    When it snows,

    I fall asleep dressed in white.

자리개 돌 1

길게 누워 깨어나지 못하네

곡괭이 어디 가고 묵주만 뒹구나
낫질하던 손가락
돌 위에서 깊은 잠에 빠졌나
들일하다 지쳐 잠이 들었나

가을보리 토실하게 익어가는데

Jarigae Stone 1

Are you lying flat, unable to awake?

The pickaxe has gone somewhere, only the rosary is lying there.
The fingers that were scything
seem to have fallen into a deep sleep on the stone?
Did you fall asleep because you were tired from working?

Autumn barley is ripening plump.

자리개 돌 2

친다, 메친다
돌 위에 메친다
구름 속 천둥이 울고 하늘이 무너진다

깨진다
묵주 알 깨어진다

어루어 쓸어보고
손바닥이 해지도록 쓰다듬는다

오늘,
당신의 너른 가슴에 길게 누워 하늘 보다 눈 감는다

Jarigae Stone 2

They are struck, beaten,

beaten on this stone.

Thunder growls in the clouds, the sky falls.

They are broken,

the rosary beads are broken.

I caress and sweep the stone,

stroke it with my palms until it is worn away.

Today,

I lie down on your wide breast and close my eyes after looking at the sky.

몽당비

마른 잎이 자리개 돌 위에서 뒹굴다 바스라진다

자루만 남은 빗자루
비틀린 할아버지의 손가락 마디
앙상한 뼛조각이 우주를 떠도는 목숨 모은다

겨울바람은 해미읍성 성벽 위 붉은 깃발을 찢는다

덤프트럭 그르렁거리며 내달려도
수천의 아우성
머릿속에서 맴도는 건 서문 밖
잠들지 못한 하얀 발자국 서성인다

성벽이 가슴 내주어
돌을 오르다 말라버린 담쟁이 지문이 핏물처럼 스미어

마른 잎 뒹굴고

A Broom

Dry leaves roll around on the Jarigae stone and crumble.

A broom with only the handle left,
an old man's twisted knuckles,
a thin piece of bone collecting lives wandering the universe.

The winter wind tears the red flags on the walls of Haemi Fortress.

Even if a dump truck roars around,
What's lingering in my head is
thousands of cries,
sleepless white footprints wandering outside the West Gate

The fortress wall surrenders its breast,
ivy drying after climbing up the stones, like fingerprints smearing blood.

Dry leaves go rolling around.

제4부

한티 고갯길을 넘는다

Part 4

Crossing Hanti Pass

한티 고갯길*을 넘는다

가야산 겹겹이 내려앉은 비구름이 앞을 가린다

무명 저고리에 배인 눈물방울이 풀잎에 떨어질 때
하늘로 뻗어 올라간 오디나무 가지도 빗줄기에 길게 젖었다

오랏줄에 묶여 대치리에 모여든 사람들
비구름도 쉬어 넘는
한티 고갯길 허위허위 오른다

한 발 한 발 옮길 때마다
풀벌레 소리 숨죽이고
지나는 바람이 등 밀어주어 언덕을 오른다

영혼을 이끄시는 빛이여
가야산 한티 고갯길 넘겠습니다

---

* 한티 고갯길: 충남 예산군 대치리에서 서산 해미읍성의 감옥 터로 가려면 가야산 한티 고갯길을 넘어야 했다. 면천, 홍성, 예산, 당진 등에서 끌려온 천주교 신자들이 오랏줄에 묶인 채 넘어오던 고갯길이다.

Crossing Hanti Pass*

Thick rain clouds descending on Mount Gaya block the view ahead.

The teardrops soaking the cotton jackets fall on grass blades
while mulberry branches reaching up to the sky are also wet
with long raindrops.

People who gathered in Daechi-ri, tied with ropes,
struggle up Hanti Pass
as the rain clouds pass.

Every time they take a step
the singing of grasshoppers is muffled,
the passing wind pushes at their backs as they climb the hill.

Ah, Light that guides the soul,

---

* Hanti Pass: To be taken from Daechi-ri, in Yesan-gun, South Chungcheong Province, to the prison in Haemi Fortress in Seosan, one had to cross Mount Gaya's Hanti Pass. This is a hill that the Catholic believers from Myeoncheon, Hongseong, Yesan, and Dangjin used to cross, bound with ropes.

빗물에 젖어 눈 감지 못한 돌부리 어루만진다

I will cross Mount Gaya's Hanti Pass.

As I touched the rough stones wet with rain, I couldn't close my eyes.

한티고개 1

누이에게 편지를 써

가을 산에는 울긋불긋 침묵이 살고
풀숲에는 풀벌레
저 깊게 우거진 숲
어둠 속엔 낮은 소리

나뭇잎 사이로 보이는
흰 구름 조각들

누이야
머루랑 다래랑 따러 가자

구월의 나무줄기에 으름이 주렁주렁 흔들어 부르고 있어

Hanti Pass 1

I write a letter to my sister.

In the autumn mountains, there is a crimson silence,
grasshoppers in the undergrowth,
deep in the forest,
low sounds in the dark.

Glimpsed through the leaves,
scraps of white clouds.

Sister,
let's go picking wild grapes and daisies.

Vines are shaking and calling out to September tree trunks.

한티고개 2

대치리의 들녘이 노랗게 익어간다

보라 꽃을 좋아하던 누이
그리움으로 피어난 쑥부쟁이는 곱기도 하지

쑥부쟁이 곁에는 산나물이 무성해
쑥부쟁이는
마음씨 고운 쑥부쟁이는
죽어서도 동생들의 주린 배를 채워주려나 봐

Hanti Pass 2

The fields of Daechi-ri are turning yellow.

Sister who loved purple flowers,
the asters blooming with longing are beautiful.

Wild greens are growing in abundance next to the asters.
Asters,
kind-hearted asters, even if they die,
seem to want to fill the hungry stomachs of your younger siblings.

한티고개 3

팽나무 가지 끝 두견이

홀로 훌쩍거리며

엄마, 엄마 부른다

Hanti Pass 3

Cuckoo on the tip of a hackberry branch.

Sighing alone.

Calling Mom, Mom.

한티고개 4

해 기울고 갈까마귀 북으로 날아간다

사람 사는 세상으로 들어가
누군가는 태어나고
누군가는 죽어가고
또 누군가는 살기 위해 죽어간다

대치리에서 읍성의 감옥터까지 8.2km
산수호 옆길 지나 성벽에 붉은 깃발 펄럭인다

나는
살아가는 건가요 죽어가고 있는 건가요

길가 구절초 홀로 피어 홀로 저물어

Hanti Pass 4

As the sun sets, the jackdaws fly north.

Entering the world where people live,
some are born,
some die,
some die to live.

Five miles from Daechi-ri to the Haemi prison.
Passing next to Sansuho Lake, a red flag flutters on the fortress wall.

Am I
living or dying?

The roadside chrysanthemum blooms alone and declines alone.

밀사

내 누이와 사랑하는 형제들이 가야 하는 비아 돌로로사*

한양에서 북경까지 험난한 50여 일
천한 신분으로 변장하여
감시자의 눈을 피해야 하고
발각되는 순간
귀양을 가야 하는 신세
꿈은 물거품이 되어버려도
심장을 다독여
믿음을 다잡아야 한다

서른의 청년 윤유일**에게
조선 형제들의 명운이 걸려 있다
광야에서 숨죽여 살아가는 영혼을 구해야 하는
십자가의 길

---

* 비아 돌로로사: 라틴어로 예수님이 십자가를 지고 가신 길을 뜻한다. 슬픔의 길, 고난의 길이란 의미가 담겨 있다.
** 윤유일 바오로(1760-1795): 조선의 천주교 지도층 신자들은 신부가 없어 세례·견진·고백·성체·병자·신품·혼인 등 일곱 가지 성사(聖事)를 중단했다. 곤경에 빠진 조선 교회는 북경으로 밀사를 파견한다. 이때 윤유일이 밀사로 선발되어 북경을 방문(1789년 봄)했다.

An Emissary

The Via Dolorosa*, where my sisters and dear brothers must go.

Fifty difficult days' journey from Hanyang to Peking,
disguised as a lowly person,
having to avoid the watchers' eyes,
for the moment you are discovered
you will have to go into exile.
Even if the dream goes to waste,
comfort your heart,
for you have to hold on to your faith.

For Yun Yu-il**, a young man in his 30s,
the fate of Joseon brothers is at stake.
We must save souls who are dying in the wilderness.

---

* Via Dolorosa: In Latin, the path Jesus took while carrying the cross. It suggests a path of sorrow and the path of suffering.

** Paul Yun Yu-il (1760-1795): In the spring of 1789, Yun Yu-il assumed the position of emissary. As Korea's lay-leaders stopped celebrating sacraments without a priest, the Church was in trouble and sent emissaries to seek help from the Church in Beijing.

주님께서 동행하시는 비아 돌로로사의 길

The way of the Cross,

The Via Dolorosa, where the Lord walks with us.

이승훈*의 밀서

거친 바다 높은 파도를 넘는 것이다
격랑 속의 조선 형제를 구하는 것
이승훈은 눈물로 편지를 윤유일에게 전달하고

이승훈의 편지를 건네받은 윤유일은
옷 솜 깊숙이 넣고
등잔불 아래서 밤새워 꿰맨다

신부님들께 좀 더 일찍 소식을 전하지 못하여 죄송합니다. 그동안 박해가 일어나 연락할 수 없었을 뿐만 아니라 저희가 가난하여 연락할 수 있는 방법을 마련할 수 없었습니다.

— 중략 —

이 세상의 모든 나라들이 구속救贖의 은혜를 받을 수 있는 은총을 얻게 되었는데, 동방의 이 작은 나라만이 여기에서 제외되어 있으니 어찌 애달프지 않겠습니까?

— 중략 —

---

* 이승훈 베드로(1756-1801): 조선인 처음으로 천주교 영세를 받았다. 이승훈의 활동으로 한국 천주교가 성립될 수 있었다.

Secret Letter from Yi Seung-hun*

With tears in his eyes, Yi Seung-Hun sends a letter to Yun Yu-il,
crossing the rough sea and high waves,
to save our brothers in turbulent waters

On receiving Yi Seung-hun's letter
Yun Yu-il hid the piece of cotton deep in his clothes
and sewed them shut all night long under the lamplight.

I am sorry for not being able to tell you the news sooner. Not only was it impossible to contact you because of the persecution, but we were also poor and couldn't come up with a way to contact you.
(…)
All the countries of the world have been given the grace to receive the gift of redemption, so how could it not be sad that

---

* Yi Seung-hun (1756-1801): He was the first Korean to receive baptism. Thanks to him, Catholicism was able to be established in Korea.

다시 한번 간곡하게 부탁드리옵나이다. 저희들이 구속의 은총을 받을 수 있도록 해주시옵소서.

only this small country in the East has been excluded from it?

(…)

I ask you once again earnestly. Please help us receive the grace of redemption.

옥중 편지
― 옥중에서 어머니를 위로하는 루갈다*

지아비 일찍 돌아가고 홀로 키운 두 자식이 포졸들이 들이닥쳐 끌고 간 텅 빈 집
하루를 살아내는 것이 죽기보다 힘든 어머니
루갈다는 어머니를 위해 맹렬히 기도하며 편지를 쓴다

모녀가 서로 헤어진 지 4년이 되었으니 … 망극한 정이야 오죽하리오마는, 모두가 천주의 명입니다. 우리를 주심도 (천주의) 명이요, 앗으심도 명이니, (이것저것) 생각하는 것이 도리어 우스운 일입니다. 만 번 엎드려 바라옵나니 슬픔을 억제하시고, 영세에 모녀의 정을 다시 이어 온전케 하옵소서

---

* 이순이 루갈다(1782-1801)는 독실한 천주교 가정에서 출생했다. 열네 살에 첫영성체를 받고 '마음을 다하여 하느님을 믿고, 바라고, 공경하며 자기의 영혼과 육신' 일체의 동정을 예수께 바치기로 결심한다. 1801년 9월, 루갈다의 시아버지 유항검 아우구스티노는 여섯 토막이 되는 참혹한 죽임을 당하였다. 남편, 시어머니, 두 시동생, 사촌 시동생을 포함해 루갈다도 체포되어 같은 해 12월 28일에 20세의 나이로 형장에서 순교하였다.

Prison Letter

– Lutgarda* comforting her mother in prison

An empty house, where the father had passed away early and the two children whom she raised alone were taken away by the police.

A mother who survives each day, each day harder than death.

Lutgarda prays fiercely for her mother and writes her a letter

Separated from you for four years, I have suffered greatly from no longer being able to communicate to you all the feelings of my heart; but that itself is an order from God. He gave, he takes away, all that is regulated by his Providence, and to be too moved by it would be for Christians a weakness worthy of mockery. In eternity we will bind the mother-daughter relationship together and make it entirely perfect; I dare ten thousand times to hope so.

---

* Yi Sun-i Lutgarda (1782-1801) was born into a devout Catholic family. She received her first Communion at the age of fourteen and decided to offer her virginity to Jesus, 'believing in, hoping in and revering God with all her heart, both soul and body.' In March 1801, Lugarda's father-in-law suffered a cruel death, being cut into six pieces. Lutgarda, her husband, mother-in-law, two brothers-in-law, and cousin-in-law, were also arrested and martyred on December 28 of the same year at the age of 20.

옥중 편지 1

빛 한 줌 없는 곳에서
육신이 만신창이가 된 루갈다가
기도를 이어간다

기꺼이 순명하소서

비록 제가 죽게 되더라도 과도하게 상심하다가, (순교의 큰 은혜를 내려주시는) 천주의 명을 배반치 마시고, 그 명에 기꺼이 순명하소서. (천주께서는 저에게 순교를 허락하심은) 보잘것없는 이 자식을 진실되고 보배로운 자식으로 만드시려는 것이니, 천만번 바라옵건대 너무 상심치 마시고 부질없는 생각을 억제하소서

Prison Letter 1

In a place without a ray of light
Lutgarda, whose body is utterly ruined,
continues to pray.

Obey.

 Although I find myself on the point of death, do not distress yourself too much, and, without resisting the merciful order of God, please submit yourself in peace and calm to his designs. On the one hand my mother could say that she had really borne a daughter in her womb, and on the other, all regret would be superfluous.

옥중 편지 2

　루갈다는 눈만 뜨면
　묵주 들고
　벼랑 끝 어머니를 붙들어야 했다

　이 세상을 꿈같이 여기시고, 영원한 세상을 본향으로 알아 조심조심하여 순명순명하시다가 이 세상을 떠나시게 되면 이 못난 자식이 영복永福의 면류관을 받잡고 즐거운 영복을 띠고 손을 붙들어 영접하리이다.

　기도를 마치고
　모은 손 깊이 품는다

Prison Letter 2

As soon as Lutgarda opens her eyes
she is holding a rosary.
She has to support her mother to the end.

See this world as a dream and recognizing eternity for your country, be always on your guard. Then when after having followed God's order in everything, you come out of this world, I, vile and weak child, my head girded with the crown of endless happiness, my heart flooded with all celestial joys, I will take you by the hand

After finishing her prayers
she clutches her joined hands hard.

참회록

슬프고 슬프도다…

천주교에 입교하여 근 20여 년이나 죽기로 봉사하였건만 천주께서 내리신 순교 치명의 큰 은혜를 저버리고 혼자 빠져나와 이 경상도 구석 홍해의 옥중에서 욕된 목숨이 붙어 있으니 이 어찌 절박하고 원통한 일이 아닌고…!

-『자책』(『순교자와 증거자들』, 한국교회사연구소 편, 1982)

먼바다 남쪽의 외딴섬 흑산도 유배지의 최해두*
신비로운 새벽이 열려도
견디기 어려운 고통일 뿐

기도와 묵상으로 하루를 시작하여도
얼굴 들고
문밖의 하늘을 올려다볼 수 없다
산상설교 읽다가 가슴 후려치기를 반복했고

---

* 최해두(? ~ 1841): 1801년 신유박해가 시작되며 부친이 체포되자 관청에 자수한다. 심문 과정에서 다시는 천주교를 믿지 않겠다고 배교하며 사형을 면하고 멀리 경상도로 유배된다. 유배지에서 배교한 것을 후회하며 참회록『자책』을 남겼다. 그는 죽기 전 "어찌 집안 대대로 믿어오던 천주를 배반하고, 부친의 가르침을 어길 수 있느냐"라며 배교를 거부하다 곤장 100대를 맞고 순교하였다.

Confessions

Sad, so sad...

I joined the Church and served to the death for nearly twenty years, but I abandoned the great grace of martyrdom given by God and escaped alone to live a dishonored life in a prison in Heunghae in a corner of Gyeongsang Province. Isn't this a desperate and grievous thing? ... ! –(From: Self-Reproach)

Choi Hae-du*, in exile in Heuksando, an isolated island in the distant southern sea.

Even when the mysterious dawn opens
it's just unbearable pain.

Even if I start your day with prayer and meditation,
holding my face,

---

* Choi Hae-du (? - 1841): When the Shinyu persecution began in 1801 and his father was arrested, he surrendered to the government office. During the interrogation, he apostatized and said he would never believe in Catholicism again, avoiding the death penalty and being exiled to Gyeongsang Province. He regretted his apostasy while in exile and left a penitential record, "Self-Reproach." Before his death, he refused to apostatize, saying, "How could I betray God, whom my family had taught for generations, and disobey my father's teachings?" He was later beaten with 100 blows and was martyred.

육신의 안일만을 취했던 지난날이 수치스러워
긴 밤 뜬눈으로 지샌다

하늘 보며 두 손 모으던 날
젊은 날에 듣지 못했던 소리 없는 소리
볼 수 없었던 눈 감은 눈이 떠졌다

흑산도의 하늘이 비로소 열렸다

I can't look up at the sky outside the door.

While reading the Sermon on the Mount, I repeatedly hit my chest.

I feel ashamed of the past when I only took physical comfort.

I spend long nights with open eyes.

The day I put my hands together looking at the sky,

a silent sound that I couldn't hear in my youth,

closed eyes that couldn't see were opened.

The sky of Heuksando finally opened.

제5부

호모 비아또르

Part 5

Homo Viator

한감개*

　마음을 비춰주는 맑은 물에 몸 씻기던 감호鑑湖마을 잠들지 못한 새벽의 성자들 뜬눈으로 맞는 아침
　경기도 양평군 강상면 대석리 흰돌마을 달빛 고운 한강 물은 고요히 흐르는데 하늘이 먹구름에 가려지고 조정은 천주학 잡아들이라 혈안이 되어 포졸들의 충혈된 팔모 방망이가 잠을 잊었다

　살얼음판을 걷던 대감마을
　잊히고 잊혀갈 수도 있겠지만
　성자들이 씨 뿌리던 곳 잊힐 수 없어

＊ 한감개: 경기도 양평군 강상면 대석리에 위치하는 대감마을로, 주변에는 남한강이 흐른다. 일찍이 한국천주교회의 창립을 이끈 성자들이 머물던 곳으로, 정약용의 스승 권철신이 살았던 마을이다. 정약용은 이곳을 '감호(鑑湖)'라 불렀고, 교회사에서는 '한감개(Han-Kam-Kai)' 혹은 '감산(Kam-San)'으로 기록하고 있다.

Hangamgae*

The saints of the morning in Gamho village, unable to sleep, greeted the morning with open eyes as they bathed in clear water that illuminated their hearts.

In the white stone village of Daeseok-ri, Gangsang-myeon, Yangpyeong-gun, Gyeonggi-do, the moonlit water of the beautiful Han River flows quietly, but the sky is obscured by dark clouds, and the government is so anxious to capture believers that desperate satellites have forgotten sleep.

Daegam Village, where they walked on thin ice,
may be quite forgotten, but
the place where the saints sowed seeds cannot be forgotten.

---

* Hangamgae: Daegam Village is located in Daeseok-ri, Gangsang-myeon, Yangpyeong-gun, Gyeonggi-do, and the Namhangang River flows around it. This is the village where the saints who led the founding of the Korean Church stayed and where Jeong Yak-yong's teacher, Kwon Cheol-sin, lived. Jeong Yak-yong called this place 'Gamho (鑑湖)', and in church history it is recorded as 'Han-gam-gae' or Kam-San.

성

태풍에도 버티던 어머니가 주저앉아 있다
가파른 언덕배기 끝자락
뜨거운 햇살이 쏟아지는 여름날에도 꼿꼿하게 서 있었지

어머니,
산 고랭이 돌밭에서 기름진 땅으로 만들기까지
거울 앞에 앉아본 기억은 있으신지요
당신 곁을 지키던
호미랑 옹기들은 다 어디로 갔나요
당신 곁을 지켜주던
당신과 평생 동행하던 무너진 가마터는
일어서지 못하네요

언덕을 오른다
가느다란 새 다리가 비척이며 오른다
마른 장작에 타오른 불꽃처럼
눈앞을 스쳐 가는 반딧불이처럼
언제 돌아갈지 모를 새벽이 희미하게 아른거린다

멀리 닭 울음소리 들린다

Castle

Mother, who endured the typhoon, is sitting down.
At the top of a steep hill
she stood upright even on a hot sunny summer day.

Mother,
from the mountainous rocky ground to fertile land,
do you remember sitting in front of a mirror?
Who stayed by your side?
Where have all the hoes and pottery gone?
Who stayed by your side?
The collapsed kiln site that accompanied you all your life
can't rise again.

I climb the hill.
The slender new legs rise shakily
like a flame burning dry firewood,
like fireflies before the eyes,
dawn, not knowing when it will return, is faintly glimmering.

A rooster can be heard crowing in the distance.

오죽烏竹
– 길게 푸르게 뻗어 올라가는 새순 곁에서

바람도 잠이 든 안개 속에서
꼿꼿이
홀로 오른다

곧게 솟아오르는 어린 줄기 끝자락
차갑고 둔탁한 물방울 하나가 이마를 때린다
깨어나지 못한 밤의 동공이 눈을 뜬다

밤새 어린 줄기 지켜보았을 오죽
검은 줄기를 타고 흘러내리는 투명한 저것은 무엇인가
슬픔의 액체인가
기쁨의 눈물인가

안개 속에서
호야나무에 매달린 육신이 눈 뜨지 못해도
꼿꼿이 매달려
긴긴 여름의 정오 견뎠을 것이다

폭설의 겨울밤에도

Black Bamboo

– Next to long green shoots growing up

In the fog where even the wind is asleep,
upright,
it rises alone.

From the tip of a young stem rising straight up
a cold, dull drop of water hits my forehead.
The night that couldn't wake up opens its eyes

Oh, how they must have watched the young shoots all night long.
What is that transparent thing flowing down the black stem?
Is it a liquid of sorrow?
Are they tears of joy?

In the fog,
even if the body hanging on the hoya tree cannot open its eyes,
hanging upright,
it must have endured the long summer noon.

여름의 땡볕에서도 꺾이지 않는 오죽烏竹이 된다

Even on winter nights with heavy snow,
even in the scorching summer sunlight,
it becomes a bamboo that does not break.

아버지의 어깨

바람도 잠이 든 어둠 속

밤은 깊어가건만
잠들지 못하는 이유 물을 수 없다

봄밤 뜬눈으로 지새우던
소박한 기도
검게 타버린 마른 줄기에 멈추지 못하고
밤새 흘러내리면

짓눌린 어깨 가벼워지나요

Father's Shoulders

In the darkness where even the wind is asleep

I can't ask why he can't sleep
although the night is growing deeper.

I stayed up wide awake on a spring night,
a simple prayer,
If it can't be stopped by dry, black, burnt stems,
but flows all night

Will my burdened shoulders become lighter?

길

보이지 않는다

......

고요히 생각해보니
본래부터 정해진 것은 없었다

길은

The Road

Not visible

......

I thought about it quietly.

From the beginning, nothing was set in stone.

The road.

산울

山 蔚
(山 메 산 蔚 풀이름 울) 깊은 뜻 알아차린다

허리 낮춰 낮은 목소리에 귀 기울여라

발밑에 누운 들풀의 손 잡아주어라

그러고는 깊이 보듬어라

한 그루 나무가 되어
지친 영혼의 그늘이 되어주어라
말씀하신다

Mountain grass

Mountain Grass
(mountain grass) recognizes deep meaning.

Lower your back and listen to the low voice.

Hold the hand of the wild grass lying at your feet

And then embrace it deeply,

Become a tree.
Be the shadow of a weary soul,
it says.

그해 겨울

이름도 없이 잠이 든
누이들의 이름을 부르기 시작했다

That Winter

I started calling the names of sisters

fallen asleep without a name.

결단

영원히 끝날 것 같지 않은 하강

민들레 씨앗 같은 저 가벼움

퉁!

바닥을 치고 고무공처럼 튕겨 오른 작은 몸
햇살에 속살 비추는 물갈퀴*
허공에 뜬 실핏줄의 버둥거림

최선을 다하고
하늘에 맡겨야 한다

너도 그리고 나도

---

* 물갈퀴: 새끼 원앙의 물갈퀴이다. 큰 나무 위에서 어미 원앙이 새끼를 부화시켰다. 지상의 어미는 어서 내려오라며 새끼들을 독촉한다. 새끼들은 오로지 혼자만의 힘으로 뛰어내려야 한다. 결단해야 할 때가 온 것이다.

A Decision

A descent that never seems to end.

Light like dandelion seed.

Plop!

A small body hits the floor and bounces like a rubber ball.
Webbed flippers* illuminated by sunlight,
the struggle of fine veins floating in the air.

While doing its best,
all must be left to heaven.

You and me too.

---

* Webbed flippers: Young mandarin ducks have webbed feet. A mother mandarin duck hatches her ducklings in a tall tree. Then the mother on the ground urges the ducklings to come down quickly. They must descend under their own power. The time has come to make a decision.

호모 비아또르*

우리가 걸어가

육신의 길
언젠가는 멈춰야 하는 순례의 길

우리는
지금
흘러가고 있어

우리도
나도
강물처럼 그 길을 가고 있어

---

* 호모 비아또르: 걷는 사람, 길 위의 사람, 순례자를 가리킨다.

Homo Viator*

We walk

The way of all flesh,
a pilgrimage that must end someday.

Now
we are
flowing.

We too,
I too,
are going along that path like a river.

---

* Homo Viator: A person walking, a traveller, a pilgrim.

후기

우연히 이루어지는 것은 아무것도 없다.

들꽃이 되어 잠이 든 누이의 이름을 부르게 된 것은 운명처럼 다가왔다. 기도는 그때부터 시작되었다.

진남문 성벽 위 펄럭이는 깃발
평화로운 햇살이 비쳐 들어도
성벽의 돌 틈에서 부르는 소리 있었다.
우리는 모두 순례자
유한한 삶에서 생로병사를 벗어날 수 없어도
저 산 너머에서 봄이 오고 있다는 것 알아차린다.

2021년 학기 초 3월, 갓 입학한 여학생이 자퇴를 앞두고 있었다. 어린 손목에 수없이 베고 간 흔적, 높게 솟은 섬이 되어버린 흉터가 노려보고 있었다.
절박했다.
지난날 벼랑 끝에 서 있던 내 모습과 다르지 않았다.
시나 소설을 써본 경험이 있느냐고 물었다. 있다고 했다.
동아리 반에 들어와서 함께 활동해보면 어떻겠냐는 제안에 일

Prologue

Nothing happens by chance.

Turning into a wild flower and calling my sleeping sister's name seemed like fate. Prayer began from then on.

Flags fluttering on the Jinnammun Gate wall.
Even if the peaceful sunlight shines
there was a voice calling from between the stones of the castle wall.
We are all pilgrims,
you cannot escape birth, old age, illness, and death in your finite life.
I realize that spring is coming from beyond the mountains.

In early March of the 2021 semester, a female student who had just entered school was about to drop out. The marks of countless cuts on her young wrists, the scars that had turned into towering islands, were staring at her.
She was desperate.

주일 뒤에 찾아왔다. 그 여학생은 2024년 2월 졸업장을 받았다. 졸업식이 끝나고 편지 한 통이 놓여 있었다.

'선생님이 안 계셨으면 지금의 저는 없습니다. 정말 감사드립니다.'

– 편지 일부

It was no different from how I stood at the edge of a cliff the other day.

I asked if she had any experience writing poetry or novels. She said she did. She came to me a week later with a suggestion to join the club class and do activities together. The girl received her diploma in February 2024. After the graduation ceremony, she left a letter.

She said, 'If you weren't here, I wouldn't be where I am today. Thank you so much.'

*

감사드리고 싶은 분들이 있다. 2023년 1월 1일에 만난 유흥식 라자로 추기경님의 응원이 큰 힘이 되었다.

멀리 부산의 베네딕도수녀원 해인글방에서 감수를 맡아주신 이해인 수녀님의 섬세하고 부드럽고 포근한 마음에 감동받았다.

1994년 영국에서 한국으로 귀화하신 후 서강대 명예교수, 단국대학교 석좌교수, 왕립아세아학회 한국지부 명예회장으로 활동하고 계신 안선재 안토니 수사修士님, 왕성한 활동 중에도 틈을 내시어 미흡한 시집을 기꺼이 번역해주신 은혜를 잊을 수 없다.

중앙대학교 문예창작학과 시창작 동문들과 이상남, 최도순 동문 특히 이승하 프란치스코 교수님께 감사드린다. 참교육자로 당신이 소중하게 간직해오던 천주교 역사서와 많은 책을 무상으로 제공하고 추천해주셨다. 기대에 부응하지 못하여 부끄럽다.

해미국제성지 한광석 마리아 요셉 신부님과 해미성당 한동성 갈리스토 신부님의 열린 마음에 두고두고 감사할 것 같다. 해미성지의 서종태 신앙문화연구원 원장님과 권영파 부원장님께도 은혜를 입었다.

내포의 시로섬 이끎이 서현진 시인과 벗들의 응원이 따뜻했다. 충남 산사시 문학회를 이끌고 계신 평론가이며 문학박사이신 산정 신익선 스승님과 가족들이 있어 항상 든든하다.

내포 순례길에서 하루 8시간 이상을 걸어야 했다. 순례길 출발

*

There are people I want to thank. The support of Cardinal Lazarus Yoo Heung-sik, whom I met on January 1, 2023, was a great help.

I was moved by the delicate, soft and warm heart of Sister Lee Hae-in, who undertook her supervision in the Haein Writing Room of the Benedictine Convent in Busan.

I thank An Seonjae (Brother Anthony), from the UK, who became a naturalized Korean in 1994 and is now a Professor Emeritus at Sogang University, Distinguished Professor at Dankook University, and Honorary President of the Korean Branch of the Royal Society of Asia, for generously taking time out of his busy schedule to translate an incomplete collection of poetry. Grace cannot be forgotten.

I would like to thank the alumni of Chung-Ang University's Department of Creative Writing and Professor Seungha Lee. As a true educator, you provided free of charge and recommended Catholic history books and many other books that you cherished. I feel embarrassed for not living up to expectations.

I will forever be grateful for the open mind of Father Han Kwang-seok at the Haemi International Shrine. I was also indebted to Kwon Young-pa, Vice Director of the Institute of Faith and Culture at the International Martyrs' Shrine in Haemi.

The support from poet Seo Hyun-jin and her friends, who led Naepo's Poetry Island, was warm. I am always reassured by the

지까지 승용차로 이동시켜 준 호수같이 조용한 아내가 고맙다. 교육자로 엄마로 서양화가의 길을 걷고 있는 김서(김미숙) 작가와 엄마 아빠의 길을 따라 교육자의 길을 걷고 있는 사랑하는 딸 미건이, 예쁘게 성장해주어 고맙다.

어머니 나의 어머니 신비의 아침을 맞이하셨나이까…

새벽은 언제나 나를 새롭게 깨운다
정령들과의 눈 맞춤
교감
바람도 잠이 든
고요한 멈춤을 느끼게 한다

밝아오는 동쪽 하늘
누이의 미소다
마음은 벌써 성지 길로 달려간다

오늘, 촛불 밝히기에 좋은 날이다

presence of Master Shin Ik-seon of Sanjeong, who leads the Sansa City Literary Club in Chungcheongnam-do, and his family.

On the Naepo pilgrimage route, I had to walk for more than 8 hours a day. I am grateful to my wife who was as quiet as a lake and drove me to the starting point of the pilgrimage in a car. I would like to thank author Kim Seo (Kim Mi-sook), who is pursuing the path of becoming a Western painter as an educator and as a mother, and my beloved daughter Mi-gun, who is following the path of her mother and father toward becoming an educator, for growing up beautifully.

Mother, my mother, have you welcomed the mysterious morning?

Dawn always wakes me up anew,
eye contact with spirits,
consensus.
Even the wind asleep
gives a feeling of quiet stillness

The eastern sky is brightening.
It's my sister's smile.
My heart is already running towards the sacred path.

Today is a good day to light a candle.

생명의 책

　수많은 그리스도인이 그리스도께 충실히 하고자 목숨을 내어놓은 이곳 성지에 함께 모인 여러분께 주님 안에서 한 형제로서 따뜻한 인사의 말씀을 전합니다. 한국 순교자들 사랑의 증언은 비단 한국 교회뿐 아니라 그 너머에까지 축복과 은총을 가져다주었습니다.
　많은 다양한 문화가 생겨난 이 광활한 대륙에서 교회는 유연성과 창의성을 발휘하여 대화와 열린 마음으로 목숨을 증언하라는 요청을 받고 있습니다.
　우리가 자신의 정체성을 의식하지 않는다면 진정한 대화를 나눌 수 없습니다. 공감하고 진지하게 수용하는 자세로, 상대방에게 우리의 생각과 마음을 열 수 없다면 진정한 대화란 있을 수 없습니다. 자신의 정체성을 명확히 의식하고 다른 이와 공감하는 것이 모든 대화의 출발점이라 하겠습니다.
　자유롭게 열린 마음으로 의미 있는 대화를 하려면 우리 자신은 누구이며, 하느님께서는 우리를 위하여 어떤 일을 하셨는지, 또 우리에게 원하는 것은 무엇인지를 분명히 알고 있어야 합니다.
　우리의 대화가 독백이 되지 않으려면, 생각과 마음을 열어 다른 사람, 다른 문화를 받아들여야만 합니다.
　진정한 대화에는 우리의 정체성과 공감할 수 있는 능력도 요구됩니다.

Book of Life

As brothers in the Lord, I extend my warm greetings to you gathered here in this holy place where so many Christians have sacrificed their lives to remain faithful to Christ. The testimony of love of the Korean martyrs brought blessings and grace not only to the Korean church but also beyond.

In this vast continent, home to many different cultures, the Church is called upon to be flexible and creative, to bear witness to her life through dialogue and openness.

We can't have a real conversation if we're not conscious of our own identity. There can be no true dialogue if we cannot open our minds and hearts to the other person with empathy and sincere acceptance. The starting point for all conversations is being clearly aware of your own identity and empathizing with others.

To be able to have meaningful conversations with open minds, we must have a clear understanding of who we are, what God has done for us, and what he wants from us.

In order for our conversations to not become monologues, we must open our minds and hearts to accept other people and

진정한 대화는 소통하는 만남을 이끌어냅니다. 다른 이들의 지혜로 우리 자신이 풍성해지며 다른 이들과 함께 더 큰 이해와 우정, 연대로 나아갈 수 있게 합니다.

하느님께서는 예수님 안에서 우리와 같은 사람이 되셨고,
우리와 함께 사셨으며,
우리가 하는 말로 우리에게 말씀하셨습니다.

교황 프란치스코
2014년 8월 17일

이곳 해미순교성지에서 이루어진
아시아 주교들과의 만남에서 전달된 사랑과 평화의 메시지
— 생명의 책에 새겨진 전문

해미순교자국제성지 입구 회화나무 아래
생명의 책에 프란치스코 교황님의 메시지가 담겨 있다.

cultures.

Real dialogue also requires the ability to empathize with our identities.

Genuine conversation leads to a communicative encounter. We enrich ourselves with the wisdom of others, enabling us to move toward greater understanding, friendship, and solidarity with others.

God became a man like us in Jesus,
He lived with us,
He spoke to us in the words we speak.

Pope Francis
August 17, 2014.

유흥식 라자로 추기경님 응원 메시지

2023년 1월 1일, 기도를 이어가고자 성지를 들렀다. 평소보다 많은 자동차가 주차해 있었다. 라자로 유흥식 추기경님이 미사를 집전하고 있었다. 미사가 끝나고 시집 발간의 취지를 말씀드렸다. 기꺼이 메시지를 남겨주셨다. 큰 힘이 되었다.

김일형 선생님과 함께 합니다!
힘내십시오.

2023. 정월 초하루
유흥식 라자로 추기경
Lazzaro Card. You Heung-sik

해미순교자국제성지에서 유흥식 라자로 추기경님과 함께(2023.1.1.)

해설

순교의 성지 서산 해미에서
순교자의 넋을 기리다

이승하(시인, 중앙대 문예창작과 교수)

충남 서산에서 태어나 서산고등학교 교사로 근무하고 있는 김일형 시인의 세 번째 시집 원고를 받고 슬픔의 늪에 푹 빠져 며칠을 보냈다. 천주교 박해의 현장이 공간적 배경이 되는 경우가 많았기 때문이다. 하지만 그 당시 그렇게 죽어간 사람들 덕분에 한국 천주교회는 굳건히 뿌리를 내리게 되었고, 103인이 한꺼번에 성인으로 시성諡聖을 받아 전 세계 어느 나라에도 없는 천주교 신앙의 진원지가 되었으니 탄식만 할 일은 아니다.

특히 서산시 해미면은 한티고개, 여숫골, 조산리, 해미읍성(진영), 서문 밖 순교터 등 순교자들이 처형되거나 매장을 당한 장소가 많은 곳이다. 한 개 면이 이렇게 많은 순교자 묘역을 갖고 있는 곳이 또 있을까. 서울의 새남터성지·절두산성지, 경기도의 미리내성지·수리산성지·은이성지·천진암성지 등이 있지만 해미처럼 한 곳에 모여 있지는 않다.

시인은 서산에서 태어나 여러 곳의 순교 현장에 어릴 때부터 자주 가보았을 텐데, 바로 그런 곳들이 시의 공간적 배경이 된 것은 어찌 보면 자연스러운 일이라 할 수 있겠다. 지금까지 어느 천주교인이 낸 시집도 '순교'에 초점이 맞춰져 있는 경우는 없었다. 그런데 김일형 시인의 제3시집『이름 없이 이름도 없이』는 큰 주제가 '천주교 박해'이기에 그때 신앙을 증거하다 순교한 수많은 사람을 위한 일종의 위령제이기도 하다. 일단 제일 앞머리에 놓인 시부터 몇 편 감상해 보기로 한다.

검은 나무 조각 곁의 검은 뼛조각
하얀 돌가루 곁의 하얀 뼛가루

씨 뿌리면 싹 틔워주는 흙에서 살다가
흙으로 돌아갔으므로
그 속에 묻혀 있어도 외롭지 않겠다

살아서
사람은 모두 자비로운 사랑 안에서
영원으로 향하는 존엄한 존재라는 것 깨달아
깨어 있거나 잠들어 있거나
평화의 빛 영원하겠다

　　　　　　　　　　　－「이름 없이 이름도 없이」 전문

천주교 박해가 행해졌을 때 가족이 있어도 제대로 장례를 치르게 하지 않았고, 그래서 묘를 쓰지 못했다. 이름이 남아 있을 턱이 없다. 대개의 경우 집단 매장이었다. 이 시에 각주가 나와 있는데 "2014년 프란치스코 교황이 해미순교자국제성지를 방문했다. 교황이 유해 참배실 앞에서 이름도 없이 생매장당한 영혼들을 위해 기도하던 중 되뇌던 말이다. senza name"이다. 즉, 교황은 이름 없이, 이름 없이…… 하면서 되뇌었는데, 시인은 이 말을 그대로 "이름 없이 이름도 없이"로 시의 제목을 정했고, 이 시의 제목을 시집의 제목으로 정했다. 교황이 와서 보니 이름이 적혀 있지 않은 순교자 위패가 많아서 깜짝 놀랐던 것이다. 예컨대 이런 것이다. 이 바르바라, 김 로사, 김 루치아, 김 율리에타, 이 가타리나, 조 막달레나……. 세례명만 남아 있어서 어떤 이름을 갖고 살았는지 알 수 없는 인물이 부지기수였다.

이름을 남기지 못했던 이유는 제대로 된 재판이 행해지지 않았음을 증명하는 것이다. 한자명 이름이 명시된 호적이 없는 경우가 많았고, 정식 이름이 없이 끝순이니 말순이니 하면서 불린 이들이 순교한 경우가 많았던 것도 "이름 없이"란 말이 나오게 된 이유가 되었다. 시인은 그들을 조문하기로 결심했다.

그때 일을 조금 더 살펴보자. 프란치스코 교황은 2014년 8월 17일 오전에 해미순교성지에서 아시아 주교들을 만났고, 오후에는 해미읍성에서 아시아 청년대회 폐막 미사를 집전했다. 1790년경부터 100여 년 동안 천주교 신자 수천 명이 해미 일대에서 죽음을 맞았다. 김대건 신부의 증조부인 김진후도 이곳에서 옥사했다. 조선시

대 이곳을 통치한 무관은 해안 수비를 명분으로 중앙정부에 보고 없이 사형할 수 있는 권한을 갖고 있었다.

　사약이나 참수 등 다양한 방법으로 사형을 집행했지만, 순교자의 수가 많아지자 잡아 온 천주교 신자들을 구덩이를 파고는 생매장했다. 팔다리를 묶고 연못에 밀어넣어 수장하기도 했다. 천주교 측에서 이곳을 순교지로 인식하기 전에는 농부의 연장 끝에 순교자들의 뼈가 걸려 올라오기도 했다고 전해진다. 1985년 4월 해미본당이 창설된 후 1999년 5월부터 성전 건립 기금을 모아 2003년 6월 기념 성전을 건립해 순교자들의 유해를 모으기 시작했다.

　　요한,
　　못다 부른 그 이름이 섧다

　　아침이 오면 들에 나가 땀 흘리고
　　밤이면 호롱불 아래 먹먹한 가슴 다독이다
　　잠이 들었다

　　푸르른 날 뜨겁게 몸 휘돌다 포근히 감싸주던 붉은 피
　　진토가 되어 잠이 든 살과 뼈
　　씨 뿌리면 싹 틔워주는 흙에서 살다가 흙으로 돌아가
　　이름 없이 묻혀 있어도
　　새로운 싹 틔우겠다

　　　　　　　　　　　－「누군가 이름을 불러준다면」 전반부

요한은 흔히 '세례자 요한'이라 불린 선지자와 예수의 열두 제자 중 제일 나이가 어린 제자로, 요한복음을 쓴 사람으로 간주되는 이가 제일 유명하다. 이 시에 나오는 요한은 세례명이 요한인 한 명의 조선인이 아니다. 이름 없이 죽은 이다. 그래서 그에게 이름을 붙인다면 요한으로 불러주고 싶다는 것이다. 아침이 오면 들에 나가 땀 흘리고 밤이면 호롱불 아래 먹먹한 가슴 다독이다 잠이 들곤 했으니, 어느 양반 집의 하인이었음이 틀림없다. 그 역시 이름 없이 묻혀 있다. 피가 돌던 몸이었는데 살과 뼈가 진토가 되었고 "씨 뿌리면 싹 틔워주던 흙에서 살다가 흙으로" 돌아갔다. 그가 이름 없이 묻혀 있을지라도 "새로운 싹 틔우겠다"는 말이 의미심장하다. 죽었기에 그의 생은 종결된 것이겠지만 "새로운 싹 틔우겠다"고 정신의 부활을 예감한다. 그에게 요한이란 이름을 부여하고 103위에 넣었으므로 누군가 조선인 순교자인 그의 이름으로 세례를 받는다면 그는 새롭게 태어나는 것이나 마찬가지인 셈이다.

죽음은 단지 육신의 죽음

잠들어 있거나 깨어 있거나
비바람에도 쓰러지지 않을 단단한 믿음으로
뿌리 깊게 내리고
오롯이 푸른 가슴에 꺼지지 않을 성체 모셨으니

이제,

머무는 곳 그 어디일지라도

　　하느님의 아들 요한 너의 이름을 불러
　　영원한 평화 함께 하리니
　　　　　　　　　　　　－「누군가 이름을 불러준다면」 후반부

　그는 요한이라는 이름을 가짐으로써 "잠들어 있거나 깨어 있거나/ 비바람에도 쓰러지지 않을 단단한 믿음으로/ 뿌리 깊게 내리고/ 오롯이 푸른 가슴에 꺼지지 않을 성체"를 모셨으니 영원히 살게 된 거나 마찬가지라고 위로하고 있다. 마지막 연 "하느님의 아들 요한 너의 이름을 불러/ 영원한 평화 함께 하리니"는 헛된 죽음이 아니라 값진 죽음이었다고 다시 한번 강조해 말해준다. 103인 중 이미 '요한'을 세례명으로 받은 사람은 이광렬·박후재·이문우·남종삼·전장운·이윤일 등 6명이다. 그 당시에 가장 일반적인 세례명이었다.
　일제강점기였던 1935년은 방치되어 있던 해미의 순교지 터를 발굴하기 시작한 해가 아닌가 싶다.

　　해미천 숲쟁이를 감아 돌던 검은 그림자 물러갔다
　　발굴, 사월의 첫날이다

　　오래전에 흙이 된 영혼 찾아 어둠을 헤집는다
　　나무껍질처럼 말라 바스라진 까만 뼛조각

주워 담던 손끝이 멈추어 하늘 보기를 반복한다

눈 감은 누이의 송곳니

길게 누운 아버지의 뼈

할머니의 틀니가 뭍으로 나온다

― 「1935년」 전반부

각주에 '여숫골'이라는 지명이 나오는데, 이런 지명이 탄생한 유래가 있다. 해미의 동구 밖 서쪽, 나무가 우거진 곳이었기에 숲쟁이라 불리던 곳이다. 병인박해 때 천주교인들을 산 채로 묻었던 곳이다. 그래서 이곳의 뼈들이 수직으로 서 있는 채로 발굴되었다고 한다. 순교를 당하면서 천주교인들이 한결같이 외쳤던 소리가 있었으니, "예수 마리아여!"였다. 우리를 잘 인도해달라고 외쳤던 것이다. 구경꾼들에게는 그 소리가 "여수머리"로 들렸고, 여우에 홀린 상태로 죽어가서 그런 말을 했을 거라고 오해하여 그곳을 '여숫골'이라고 부르게 되었다는 속설이 있다. 그런데 발굴하고 보니 할머니의 틀니, 아버지의 뼈, 누이의 송곳니가 나왔다. 가족이 다 죽었거나, 설사 가족이 아니더라도 남녀노소가 한꺼번에 죽었음을 알 수 있다.

서해 바닷길 개펄 고랑을 타고 달려왔는가

들판에서 흐르는 땀 닦아주던 바람이 부둥켜안는다

토담집 빨랫줄에 걸려 있던 햇살이 얼굴 비빈다

신유년

기해년

병인년

이름 없이 묻혀 있던 숲쟁이

아, 구덩이 속으로 들어간 그날이 걸어 나온다

어둠을 밝히던 촛불이 홀로 뜨겁게 흐른다

- 「1935년」 후반부

 이들의 태생지는 동일하지 않다. 그러나 한날한시에 몽땅 죽었기에 저승길 동무가 되었다. 인용한 시의 후반부 첫 연은 순교자들이 나름대로 열심히 살아왔던 지난날을 독자들이 반추하게 한다. 뭐 그리 대단한 행복을 누리진 않았겠지만 가족끼리 오순도순 살아가고 있던 이들에게 나라에서는 엄벌을 내리기로 했다. 시인은 신유박해(1801), 기해박해(1839), 병인박해(1866) 때의 참상을 "이름 없이 묻혀 있던 숲쟁이/ 아, 구덩이 속으로 들어간 그날이 걸어 나온다"고 발굴 현장의 모습을 짧게 압축해 묘사한다. 마지막 연 "어둠을 밝히던 촛불이 홀로 뜨겁게 흐른다"에는 촛불 하나로 애도할 수밖에 없는 자신을 한탄하는 뜻도 내포되어 있다. 왜 신유년, 기해년, 병인년에 천주교인들이 한꺼번에 죽었던 것일까?

 최초의 박해인 신해박해(1791)까지 합쳐 흔히 4대 박해라고 하는데, 정사박해(1797), 을해박해(1815), 정해박해(1827), 경신박해(1860)

등도 있다. 천주교인들에 대한 박해가 근 100년 동안 계속해서 행해졌던 것은 그들이 배교하지 않고 떳떳하게 죽음을 택하는 것이 더욱더 괘씸했기 때문이다. 전국적으로 260여 곳에 성지가 있다. 일단 여기서 몇 가지 역사적 사실을 짚어보자. 천주교는 이 땅에 어떻게 전래된 것일까? 왜 조선 조정에서는 천주교 신앙을 허락하지 않았을까? 허락하지 않았을 뿐 아니라 왜 수많은 천주교인을 사형시켰을까?

정조 때 진사 시험에 합격한 이승훈이란 젊은이가 있었다. 1783년, 동지사의 서장관으로 떠나는 아버지를 따라 중국에 갔다. 친척인 이벽이 서학 책을 구해달라고 부탁하기에 베이징에 있는 성당에 찾아갔다. 그때는 천주학이란 것이 하나의 학문으로 여겨졌고, 서학(서양 학문)의 한 갈래로 생각하였다. 그는 40일간 그곳에 머물면서 한자로 된 천주교 서적들을 접했고 선교사들과 필담으로 대화를 나누었다. 해가 바뀌어 1784년, 프랑스 예수회의 장 그라몽 신부가 권유해 영세를 받았으니, 그때 최초의 천주교인이 탄생하였고 동시에 한국 천주교회의 역사가 시작되었다. 그러니까 올해는 천주교 전래 240년이 되는 해이다.

베드로라는 세례명을 받고 귀국한 이승훈은 이벽의 집에서 열심히 교리를 공부하는 한편 전교 활동을 시작했다. 역관 김범우가 착실히 공부하고 신앙에 열의를 보이기에 세례를 주었다. (김범우는 1786년, 최초의 순교자가 된다.) 정약용·정약종·정약전 3형제가 믿었고 이벽·이가환·권일신 등이 신자가 되었다. 중국어 교리문답서인 『천주실의』의 한글판이 나오자 베스트셀러가 되었다. 중국인 신부 주문모가 입국해 아주 열심히 전도 활동을 하자 10년 뒤인 1794년에는 4,000명의 천주교 신자가 탄생했다. 주문모 뒤로 프랑스 신부들이 이 땅에 한 사람 두 사람 들어오기 시작했다. 그런데 어찌하여 왕권 통치의 유교사회에서 천주교가 이렇게 급속히 퍼져나갈 수 있었던 것일까?

당파싸움에서 밀려난 남인들, 출셋길이 막혀 있던 첩의 자식인 서얼, 양반은 아니지만 지식인이라고 할 수 있는 중인 계급, 하인과 하층민, 아녀자들에게는 모든 사람이 하느님 앞에서 평등하다는 평등사상과 하느님을 믿으면 천당에 갈 수 있다는 내세관은 너무나도 매력적인 복음이었다. 조선조는 신분 차별이 있었고 후기로 갈수록 탐관오리인 특권층의 억압과 수탈이 더욱더 심했다. 그래서 개혁과 저항의 의지를 가진 사람들이 천주교에 의지하게 되었다.

조선에서 천주교인들이 늘고 있다는 소식을 들은 로마 교황청에서는 프랑스 선교사들을 파견해 많은 이들에게 영세를 주면서 본격적으로 포교에 나선다. 그런데 프랑스인 신부들은 조선의 민간신앙, 불교, 유교에 대한 이해가 부족했다. 조상을 섬기는 것을 우상을 숭배하는 것으로 간주해 차례를 지내지 말라고 한 성경의 내용을 강조하자 신도들은 그것을 곧이곧대로 이해해 명절이나 기일에 차례를 안 지내는 집들이 생겨났다. 윤지충 모상母喪 사건이 큰 문제가 되었다. 전라도 진산에 사는 천주교인 윤지충과 권상연은 모친상을 당했는데 차례를 지내지 않자 소문이 났다. 게다가 신주神主(죽은 사람의 위패)를 불태운 것이 발각되어 재판을 받고 두 사람은 참형에 처해졌다. 1791년, 신해년에 일어난 사건이라 신해박해라고 한다.

정조는 이 사건을 이 정도에서 끝내고 관대한 정책을 써서 천주교의 교주로 지목받은 권일신을 유배시키는 것으로 그치고 더 이상 천주교도에 대한 박해를 확대시키지 않았다. 그러나 조정은 계속 이 사건을 둘러싸고 남인 계통이면서 당시의 권력자 채제공을 중심으로 한 신서파와 이에 반대하는 공서파가 대립하여 1801년(순조1) 신유박해로 신서파가 결정적인 타격을 받을 때까지 10년간 암투가 계속되었다. 이러한 당파싸움이 일으킨 흙탕물이 엉뚱하게도 천주교인들에게 튀는 일이 일어났다. 어린 순조의 증조할머니인 정순왕후는 사도세자의 죽음을 애도했던 남인을 미워해 남인이 다수인 천주교 탄압의 선봉에 서서 신유박해 때 300명의 처형을 용인한다. 이후에는 천주교를 믿는 것 자체를 국법을 어긴 것으로 간주해 사형에 처하였다. 예외가 없었다. 양반이라고 해서 용서가 되지 않았던 것이다. 기해박해 때는 앵베르 주교, 모방 신부, 샤스탕 신부 등 110명이 순교한다. 병오박해 때는 김대건 신부 등 9명이 순교하고 병인박해 때는 다블뤼 신부 등 9명의 신부와 8,000여 명이 순교한다. 1만 명이 넘게 죽었다는 설도 있다.

200여 년 전을 기억한다

세계 교회사에서 유래를 찾아볼 수 없는 이변
우리 민족 스스로 천주교 신앙을 받아들이던
그날이다

인력으로 막을 수 없는 물결이 동방의 작은 나라 조선으로 몰려오고 있었다

철저한 유교의 사회에서
부모의 신분이 낮으면 과거시험 기회조차 박탈하고 신분이 높으면 관직에 등용되는 이상한 나라
인간답게 사는 것이 일생의 꿈일 수도 있지

바다 건너에서 온 평화의 바람은 내포의 들을 지나 산 고갱이까지 스며들었다

– 「1790년, 조선」 전반부

김일형 시인도 천주교 전파의 이유가 철저한 신분제 사회에서 "인간답게 사는 것"과 "평화의 바람", 그리고 "천주 안에서 모든 사람이 평등하다"는 것에 있었다고 밝힌다. 어찌 보면 1790년부터 조선 반도에 평화의 바람, 자유의 바람, 평등의 바람이 불어 사람들의 마음을 움직였고, 믿음을 갖게 했고, 형장으로 가게 했다고 볼 수 있다. 하지만 그 얼마나 슬픈 일인가. 하느님과 예수님의 약속을 믿었다는 이유로 농투성이가 죽고 아녀자가 죽고 노인이 죽었다. 아이도 죽었다.

둥그런 묘지만 홀로 앉아

뼛조각 하나만으로도
존재이므로

희광이 칼 호흡을 베어도
내 피와 내 살을 바쳐 영원 속에서 살아갈 수 있다면
기꺼이
기쁨으로

가슴엔 십자가 두 손엔 묵주 있어
어둠 속 깊이 잠들어도

고난의 가시밭 비껴가지 않겠다

-「여숫골 3」 전문

  그들은 죽는 순간까지도 확실한 믿음이 있었다. 현세의 고통이 내세의 영광으로 이어질 것이라고. 그들은 "가슴에 십자가 두 손엔 묵주 있어" "어둠 속 깊이 잠들어도// 고난의 가시밭 비껴가지 않겠다"고 맹세하였다. 통곡하면서, 절규하면서 죽어갔을 것이다. 그들 비명非命에 간 천주교인들을 시인은 언어의 연금술로 하나하나 부활시켰다고 봐도 좋지 않을까. 시인은 해미읍성 동헌東軒 감옥에서 죄인둠벙까지 1.5km의 길을 오랏줄에 묶인 채 걸어간 사람들을 애도하였다. 가야산의 산물이 흘러오는 해미천 한가운데에 커다란 구덩이를 파, 산 채로 생매장을 당한 사람들을 애도하였다. 해미읍성의 옥사 앞에 있는 수령 300년이 넘은 호야나무에 긴 머리카락이나 몸이 철사에 묶여 고문당한 사람들을 애도하였다. 해미읍성 서문 밖 돌다리였던 넓고 커다란 돌에 팔다리가 묶여 자리개질(태질)로 처형당했던 사람들을 애도하였다.

시집을 읽는 동안 독자들은 가슴이 찢어지는 아픔을 느낄 것이다. 미리내성지에 가면 그 당시 천주교인들이 당했던 온갖 고문의 형태가 밀랍으로 만들어져 있다. 인간이 인간에게 최고의 고통을 선사하기 위하여 연구를 한 것 같다. 아무리 절대권력을 행사하는 왕조시대였지만 어쩜 저렇게 잔인할 수 있을까 하는 생각이 든다. 임금을 수반으로 한 조정에서는 사람들이 천주교를 믿으면 왕을 한낱 우상으로 간주할 뿐 아니라 군사부일체君師父一體 즉, 임금, 스승, 부권을 다 부정하는 것이므로 발본색원하기로 한 것인데 그 방법이 너무 잔인하였다. 조정에서는 비신자가 신자가 되는 것을 막기 위해 본때를 보여준다는 의미에서 그렇게 잔인하게 처형한 측면도 있었다.

엔도 슈사쿠의 명작소설 『침묵』을 보면, 일본에서도 천주교 박해가 무지막지하게 행해졌는데 사망자 수는 일본이 더 많았다고 한다. 패장은 할복자살하는 전통이 있듯이 일본은 고문의 종류가 더 많았던 것 같다. 아무튼 천주교인들은 신앙을 버리지 않는다는 이유로 도축되는 짐승보다 더욱 잔인하게 살해당했다. 시인은 그때의 상황에 대해 깊이 탄식한다. 위령의 시간을 갖는다. 4편의 한티고개 연작시가 있다.

해 기울고 갈까마귀 북으로 날아간다

사람 사는 세상으로 들어가
누군가는 태어나고
누군가는 죽어가고
또 누군가는 살기 위해 죽어간다

대치리에서 읍성의 감옥터까지 8.2km
산수호 옆길 지나 성벽에 붉은 깃발 펄럭인다

나는
살아가는 건가요 죽어가고 있는 건가요

길가 구절초 홀로 피어 홀로 저물어

-「한티고개」 전문

    시는 아주 서정적으로 전개되고 있지만, 한티고개는 그 무렵 천주교인들이 모여 살던 면천의 황무실마을과 덕산의 용머리마을·배나드리마을 등지에서 집단으로 체포되어 군졸들이 해미로 압송하면서 넘던 고개다. 해미는 일찍 천주교가 전해지기도 했었지만 유일하게 군부대陣營가 있던 군사적 요충지로서 1790년부터 대략 3,000명의 희생자가 나온 곳이다. 교인들은 면천, 덕산, 예산 등지에서 체포되어 한티고개를 넘어가 해미 진영 서문 밖의 처형장에서 숨을 거두었다.

시집의 시편들이 뒤로 가면 해미에서의 순교자들에 대한 조명에서 벗어나 신부님을 모시러 베이징까지 간 윤유일을 다룬 「밀사」, 이순희 루갈다가 어머니께 쓴 편지를 다룬 「옥중 편지」 연작, 흑산도로 유배 갔다 태형 100대를 맞고 순교한 최해두 이야기를 다룬 「참회록」, 그리고 「이승훈의 편지」 등으로 확대된다.

제5부는 어느 지역이나 인물을 특정하는 대신 천주교라는 종교의 영혼과 정신과 영원의 세계를 다룬다. 명상을 유도하는 이들 시편에 대한 해설은 독자의 몫으로 돌린다.

그리고 후기에 이른다. 자신이 이 한 권의 시집을 낼 수 있게끔 도와준 여러분들에 대한 고마움을 표하고 있는데, 시인이 목숨을 구해 준 한 제자가 쓴 짧은 편지가 감동적이다. 복음 전파, 구원의 은혜가 참으로 신비스럽다. 그리고 「유흥식 라자로 추기경님 응원 메시지」가 이 시집의 대미를 장식한다. 추기경님이 응원해 주셨으니 시인의 영적 작업이 앞으로 많은 사람들에게 신앙의 불씨가 될 것이다.

이 시집은 한편으로는 순교자들을 위한 위령미사라고 할 수 있고, 한편으로는 김일형 프란치스코의 신앙고백이라고 할 수 있다. 그 당시 이름도 없이 죽어간 많은 사람을 시의 마당에 모셔와서 그들의 넋을 위로한 김일형 시인의 노고에 감사드리며 해설 쓰기를 이쯤에서 마칠까 한다.

이름 없이 이름도 없이

초판 1쇄 인쇄 | 2024년 11월 11일
초판 1쇄 발행 | 2024년 11월 15일

지은이 | 김일형
영　역 | 안선재
기　획 | 해미국제성지 신앙문화연구원
발행인 | 한명수
편집자 | 이향란 이현아
발행처 | 흐름출판사
디자인 | 이선정
주　소 | 전북 전주시 덕진구 정언신로 59
전　화 | 063-287-1231
전　송 | 063-287-1232
홈페이지 | www.heureum.com
이 메 일 | hr7179@hanmail.net

ISBN 979-11-5522-385-7 03810

값 15,000원

출판 승인: 천주교 대전교구 No.2024-09

이 책은 충남문화재단 지원금으로 발간되었습니다.

저작권자의 동의 없는 무단 전재 및 복제를 금합니다.